지방의원 지산의
선진문물과 평원

지방의원 지산의

선진문물과 평원

전기풍 지음

마인드북스

추천사

◇◇◇◇◇◇◇

민주화의 성지이자 임진왜란 당시 나라를 구한 첫 승첩지인 거제는 그야말로 대한민국의 역사가 깊이 서려 있는 약속의 땅이다. 거제는 나에게 특별한 의미를 갖고 있는 곳이기도 하다. 한국전쟁 당시 이북 출신의 내과 전문의였던 선친께서 밀려오는 중공군을 피해 미군 배를 타고 자유를 찾아 첫발을 내디딘 곳이 거제였다.

경남도의회에서 민의를 위해 혼신의 노력을 다해 오고 있는 전기풍 도의원은 나와 소중한 인연을 맺고 있다. 그는 대우조선 옥포조선소에서 24년 동안 노동자로 일했다. 대한민국 조선산업의 발전과 국익 창출에 기여한 근면함을 갖추고 있다. 또한 사회복지전문가의 길을 걸으며 남다른 후원과 봉사자로서 삶을 지켜 왔다. 그는 10년 동안 대학 강단에서 후학을 양성해 온 교육자로서 성실의 표본이었다.

전기풍 도의원은 청년일자리 창출에 지대한 관심을 보여줬다. 김우중 사관학교라 불리는 세계청년사업가(GYBM) 멘토 역할을 자임하며, 능력을 갖춘 청년들이 성장 가능성이 높은 해외시장을 개척해 내는 길잡이 역할을 하였다. 그가 가진 미래 비전은 대한민국이 높이 도약할 수 있도록 인재를 양성하는 일이다. 그는 분권자치에 대한 전문성과 열정을 갖추고 있기도 하다. 주민주권시대 민관협치 정신인 거버넌스 운동에 매진해 왔다. 향후 지방자치를 이끌어갈 선구자라 해도 과언이 아닐 것이다. 행정의 전반에 주민참여의 폭을 넓히고 소통행정을 통해 분권자치를 이끌어갈 능력을 갖췄다. 전기풍 의원이 걸어온 발걸음은 풀뿌리 민주주의가 활짝 꽃피울 수 있게 하는 밑거름이 되고 있다.

『지방의원 지산의 선진문물과 평원』 저서 제목에서 느껴지듯 그의 이야기는 열정으로 가득 담겨 있다. 글을 읽다 보면 신선한 눈으로 살맛나는 삶의 궤적들이 보인다. 지방의원이 가진 색채를 느낄 수 있어 감히 추천하고자 한다. 지방의정에서 겪은 변화무쌍한 활동과 저력으로 보여주는 정치적 소신을 통해 분권자치에 대한 노력이 실천되기를 간절히 소망한다.

전기풍 도의원을 보면 거제가 가진 강점인 세계적인 조선해양 플랜트산업과 천혜의 자연 경관을 갖춘 관광산업을 융복합화하여 이끌어나갈 적임자임을 느낄 수 있다. 그가 가진 따스한 인간미와 철두철미한 전문가의 식견이 담긴 이 책이 독자들에게 널리 읽혀져 거제의 밝은 미래를 만들어 갈 새로운 물결이 넘실거리길 기대한다.

국회의원 박 진

머리말

◇◇◇◇◇◇

거제에 다시 봄이 찾아오고 있다. 어둔 터널에 서광이 비치기 시작했다. 올해 초부터 조선산업 부활을 알리는 수주 소식이 연이어 터지고 있다. 거제의 경제가 살아나고 있는 현실에 가슴이 벅차오른다. 이제 움추렸던 몸과 마음을 활짝 펼쳐야 할 시기다. 조선산업의 메카로서 교두보를 굳건히 세워야 할 때다.

지방의원의 해외연수가 언론과 방송을 통해 비판받아 온 것은 어제오늘의 일이 아니다. 매년 지방의원들의 해외연수는 외유성 관광을 다녀온다는 의심을 받아왔다. 그뿐만이 아니다. 혈세 낭비라는 지적과 함께 비난의 목소리마저 일었다. 그러나 문제가 있으면 해결책을 찾아야 한다. 기업에서 경영혁신 기법으로 활용되고 있는 벤치마킹의 의미를 가슴에 새겨 보자. 지방의원의 해외연수를 근본적으로 바꿀 수 있다. 벤치마킹이란 측정의 기준이 되는 대상을 설정하고, 그 대상과 비교 분석을 통해 장점을 따라 배우는 것이다. 기업 경영에서 경쟁사 제품이나 조직의 특성을 비교 · 분석하여 그

장점을 보고 배우는 혁신 기법에서 찾을 수 있다.

지방의회는 해외연수를 계획하여 다녀오는 방식이 거의 비슷하다. 먼저 의원들이 해외연수 대상 국가와 도시지역을 선정하고 해당 업무와 연수 과정을 연결하여 계획을 세우고 있다. 해외연수를 다녀오기 위해서는 국외연수심의위원회 심사를 통과해야 하고, 해외연수를 다녀온 뒤 보고서를 제출하도록 하고 있다.

지방자치제도가 부활하여 실행한 지 32년의 세월이 흘렀다. 지방자치의 근본 목적은 주민들의 삶의 질을 높이는 일이다. 지방화 이후 행정의 변화가 끊임없이 이루어지고 있다. 주민주권시대 민관협력은 필연적 요소다. 지방자치법 개정으로 지방의회의 위상이 강화된 만큼 책임감이 더해졌다. 자치행정과 지방의회에 주민참여의 폭이 증가한 것은 매우 고무적인 일이다.

지방자치의 큰 줄기는 주민참여와 자치분권이다. 주민들의 참여가 많아질수록 민주주의의 꽃이 활짝 피워지는 법이다. 그것은 오직 주민들의 참여가 관건이다. 분권자치운동과 민관협치의 거버넌스를 통해 주민참여를 확대하는 데 진력을 다해야 한다. 자유와 민주를 향한 주민들의 열망이 절실히 필요한 시점이다.

여기에 담은 글들은 지방 의정 현장에서 느꼈던 환희와 보람이다. 그리고 미래를 향한 열정의 순간들이라 기억한다. 현장의 기록들은 값지고 소중하다. 동변상련 지방의원들에게 귀감이 되어야겠다는 사명감 때문이다. 가감 없이 솔직한 글을 쓴다는 것은 고통일 수 있다. 의정활동 틈틈이 기록한 글 속에서 주민들과 함께했던 지역 사랑의 마음을 간직하고 싶다. 시간의 굴레를 벗어나 지나온 세월을 돌이켜 보는 일은 의미가 깊다. 미래로 나아가는 길목에서 매듭짓는 길이기도 하다. 지방의원으로 주민들을 위한 고뇌에 찬 결단도 가슴속에 새긴다. 어떠한 고난과 역경이 닥치더라도 딛고 일어설 강인한 정신력도 갖출 것이다.

춘래불사춘(出來不似春)이라 했던가! 아직 힘든 터널을 지나고 있지만, 거제의 미래는 밝다. 조선산업 현장마다 훈풍이 불고 있다. 조선호황의 물결이 가장 큰 희망이다. 수도권과 연결되는 남부내륙철도와 동남아 허브공항으로 발돋움할 가덕신공항 착공을 앞두고 있다. 세계적인 조선산업 도시에 이어 대한민국 관광 중심도시로 기대된다. 이제 주민들의 역량을 하나로 결집시켜 미래로 나아가야 한다. 어둠의 터널을 지나 보랏빛 청사진을 실현시켜야 할 때다. 향후 분권자치가 강화될수록 지역경제의 중요성은 더욱 커지기 마련이다. 미래 거제가 가야 할 곳을 명확히 제시하였다. 이제 공동의 목표를 이루어나갈 꿈나무를 키워야 한다.

문명의 역사를 되새겨 보면 변화의 시기를 이끈 주역이 반드시 있었다. 난세에 영웅이 태어나듯이 쾌도난마 자세로 나아가련다. 지역경제가 백척간두에 선 위기의 순간, 옳은 방향을 제시하는 지도자가 반드시 필요한 법이다. 눈앞에 다가온 변화의 물결에 겁내

거나 두려워 말자. 오직 주민의 힘으로 주민과 함께하는 일에 한걸음씩 내딛으며 이겨내야 한다. 조선 불황과 함께 침체된 지역경제 파탄을 겪으며 많은 것을 깨달았다. 한 치 앞을 내다볼 수 없는 불확실한 환경은 얼마든지 바꿀 수 있다는 사실이다. 예측 가능하도록 목표를 명확히 짚고 쉼 없이 나아갈 방향을 찾아야 한다.

남동풍이 거세게 불고 있다. 해외 선진국의 스마트시티와 노인요양시설을 비롯한 동남아시아 신흥국의 발돋움을 보고 듣고 느낀 경험담이다. 분권자치 미래를 내다보는 선인의 지혜가 벅차오른다. 선진문물을 접하고 이를 지방정책으로 갈고닦는 노력이 필요하다. 해외연수를 통해 새로운 시각을 가져야 한다. 세상을 바라보는 신선한 눈은 거짓이 없다. 지방의원으로서 시시각각 변화하는 주민들의 다양성과 나를 접목하려는 그 마음뿐이다.

거제 옥포항에서

저자

차례

◇◇◇◇◇◇◇

논단

1

깨어나는 경제신흥국 라오스

동남아시아 신흥국들의 잠재력이 풍부하다. 1990대 초 세계경영을 대내외에 표방했던 대우인(大宇人)의 시각이 그랬다. 전 세계 국가 중에 신흥 개발도상국은 동남아시아에 모두 있다고 해도 과언이 아닐 정도다. 그러나 정작 우리는 같은 아시아권 국가이면서 먼 나라처럼 여겨왔다. 동남아시아 경제성장 이면에 대한민국 관계는 밀접하다. 국교를 맺고 친숙한 경제동맹에 이르기까지 많은 난제가 있었다. 특히 베트남은 서로 총부리를 맞대고 전쟁을 치른 국가다. 가까이 있으면서 잘 알지 못하는 미지의 국가들도 많다. 그중의 한 국가가 라오스였다.

지방의회 의원들이 해외연수를 다녀오면 언론으로부터 집중 질타를 받곤 했다. 그 이유는 가지가지다. 선진문물을 경험하는 것 자체가 배움일 수 있는데 혈세 낭비 지적을 받아왔다. 그런 상황을 잘 알기에 의원 상호간 해외연수 국가를 정할 때 가장 논란을 겪는다. 이번에 선택한 라오스 국가도 마찬가지였다. 선진문물을 배워야 하는데 하필 동남아시아 국가를 정했느냐는 거였다. 그런 논쟁 속에는 우리보다 경제적으로 어려운 국가를 선택해선 곤란하다는 뜻이 내포되어 있다. 라오스에서 무언가 배워오겠다는 발상 자체가 잘못이라는 질타다. 그러나 베트남을 비롯한 동남아시아 국가들이 자본시장의 문을 개방한 지 오래다. 한국 기업을 비롯하여 다국적 자본시장에 눈을 뜬 기업들의 경쟁이 심화되고 있다. 동남아시아 국가들의 경제는 가속화가 멈출지 않고 성장세다. 물론 라오스도 합류되어 움직이고 있다. 라오스 정부 주도의 경제개발계획은 우리나라

성장모델과 닮았다. 대우인의 한 사람인 나의 시선으로 바라볼 때 라오스 경제는 분명 깨어 있었다. 해외 방문지로 라오스를 선택하게 된 이유는 여러 갈래가 접목되어 결정되었다.

라오스의 수도는 비엔티안이다. 비엔티안주정부 캄판 지사와의 간담회와 비엔티안주정부의회 분손 의장과의 간담회가 연속으로 이어졌다. 사회주의 노선을 걷는 라오스의 지방자치 실태를 경험할 수 있는 좋은 기회였다. 캄판 지사와의 간담회 장소는 비엔티안 주정부 접견실이었다. 중앙 한 가운데 캄판 지사와 경남도의회 정규헌 인솔단장이 앉고 뒤편 좌우에 통역관이 자리했다. 우리 일행들은 양쪽 의자에 앉아 궁금한 점을 묻고 답변하는 시간을 가졌다. 이번 간담회를 통해 비엔티안주정부와 경남도의회와의 상호 우호 증진 협력과 공동발전을 위한 의견을 개진할 수 있었던 것은 큰 수확이었다. 비엔티안주정부의회는 의장을 비롯한 의원들이 모두 건물 입구에 나와 방문 환영 꽃다발을 선물하는 등 요란하였다. 의회에서의 간담회 또한 지방의원으로서 동질감을 느끼게끔 주제가 신선했다. 가령 지역사회 경제 문제와 일자리, 그리고 건강 증진과 같은 보건정책이 주를 이뤘다. 어느 국가든 지방자치단체든 주민들이 바라는 욕구충족은 당연한 이치라 생각된다. 사람이 살아가는 어느 지역이든 민생이 가장 우선인 것이다. 이를 도외시 한 정책은 외면받을 게 뻔하다.

우리 일행은 라오스 지방정부의 의료정책 현장 곳곳을 방문하였다. 비엔티안 주립병원과 방비엥군립병원, 국립간호대학 등 의료시설 방문을 통해 라오스 지방정부의 열악한 의료환경을 접하며 인류애를 느꼈다. 라오스의 경제적 현주소를 가장 먼저 읽을 수 있는 현장이기도 했다. 우리나라와 비교할 수 없는 의료 환경은 지구촌 누군가 해결해야 할 문제라 여겨졌다. 그만큼 라오스 지방정부의 의료시설 현지 방문에서 많은 깨달음을 얻었다.

라오스는 동남아시아 신흥국으로서 경제개발을 꿈꾸고 있는 국가다. 경제성장을 위한 중앙정부의 노력이 돋보였다. 1960~70년대 개발도상국 시절의 우리나라 경제모델인 새마을운동을 추진하고 있어 놀라웠다. 마을 단위, 공장 단위, 지역마다 공동체 의식 함양에 혼신을 다하고 있는 느낌을 받았다. 중앙정부와 지방정부가 경제 육성에 집중하는 것을 보았다. 라오스의 잠재력으로 볼 때 머잖아 큰 성과로 이어지리라 기대된다.

이번 해외연수를 통해 사회주의 국가인 라오스에 우리나라 원조물품이 전달되고 있다는 사실도 알았고, 코이카(KOICA) 해외봉사단이 의료 낙후 현장에서 봉사자로 참여하고 있음도 알게 됐다. 북한과 가까웠던 공산권 국가인 라오스가 외국 자본을 끌어들이는 경제개방을 하였다. 이에 따라 자본 물결이 일어나고 있다. 물론 단번에 경제성장 기반을 선점할 순 없겠지만, 점차 우리와의 우호관계가 깊어질 것이라는 확신이 들었다.

동남아시아 국가들은 개발도상국 우위를 점하기 위해 서로 경쟁하고 있다. 라오스 또한 경제개방 물결을 타고 급변하는 중이다. 이러한 경제개방 물결의 중심은 역시 중국이었다. 중국의 경제원조가 가장 크게 작용하고 있다. 중국의 민간기업 투자가 증명해 주고 있다. 라오스와 가까이 이웃하고 있는 태국과 베트남의 중국투자도 늘고 있다고 한다. 중국의 경우, 라오스 국토를 관통하는 광역교통망 투자에 적극적이다. 고속열차와 고속도로 건설을 통해 중국의 표준에 라오스를 끼워 맞추는 격이다. 국가기간산업에 대한 시설투자는 향후 라오스의 경제부흥기에 지배력을 높일 수 있다. 중국의 경제원조 물결은 미래를 위한 투자처럼 보였다. 중국의 고속열차와 고속도로 운영관리시스템은 라오스의 광역교통망 표준이 될 것이 분명하기에 그렇다.

비엔티안주정부 지사와 주정부의회의 의장을 비롯한 의원들은

대체적으로 우리나라 새마을운동에 관심이 높았다. 개발도상국 경제개발의 핵심으로 주민의식 전환이 급선무이기 때문이다. 내가 새벽마다 들었던 어린 시절이 떠올랐다. '새벽종이 울렸네 새아침이 밝았네' 하는 경쾌한 노랫소리가 귓가에 쟁쟁하다. 새마을운동 정신이 근면 자조 협동이다. 라오스에 와서 내가 직접 경험했던 새마을운동을 접하니 새로웠다. 지방정부와 의회는 경상남도의회와 우호협력 증진과 취약한 의료시설 지원 요청을 받았다. 우리나라 경제가 어려웠던 시절 의료 상황을 알고 있는 나로서는 저절로 고개가 끄덕여졌다.

경상남도의회는 동남아시아 국가들과 친선의원연맹을 맺고 있다. 현재는 필리핀, 베트남, 인도네시아 여러 도시들과 우호관계가 형성되어 있다. 이를 확대하여 라오스 비엔티안주의회와의 우호협력 증진방안으로 친선교류가 맺어졌으면 하는 바람이다. 라오스를 다녀온 이후 방문했던 의원들과 함께 의장실을 방문하여 친선교류 의사를 전달하는 시간이 마련됐다. 김진부 의장도 공감하며 경남도와 공동으로 추진하는 방안을 제시해 주었다. 의료시설의 지원하는 방안과 간호과 학생들의 노트북과 스마트기기를 보급해 주는 의견도 개진되었다. 그밖에도 지원품목이 확대될 수 있는 방안들이 모색될 것이다.

이번 라오스 해외방문은 또 다른 성과도 낳았다. 라오스 노동사회복지부의 계절노동자 관련 의향서를 발굴하였다. 현재 창녕군과 협약을 맺고 추진된 계절노동자 파견을 밀양시가 준비하고 있다.

우리가 힘써 노력하면 충분히 가능하다고 느껴졌다. 깨어 있는 경제신흥국 라오스 지방정부는 한국으로의 취업에 매우 긍정적이었다. 경남도내 시군의 농촌 일손부족 문제를 계절노동인력 파견으로 해결할 수 있는 길이 트인 것이다.

지방의원의 해외방문 의미는 새로이 정립되기를 바란다. 단순한 외유성 관광이 아닌 기업의 경영혁신기법인 벤치마킹 도입으로 변화의 발걸음을 재촉해야 한다. 주민들의 믿음을 신뢰로서 보답하는 길이 최선이다.

라오스 지방정부의 확실한 기대

◇◇◇◇◇◇◇

이른 아침이 밝았다. 정부의 코로나19 완화에 따라 3년 동안 엄두도 내지 못했던 해외방문 길에 올랐다. 경남도의회 운영위원회 소속 의원과 사무처 직원을 포함하여 12명이 동행했다. 목적지는 라오스 지방정부로 확실한 기대를 가진 출국이었다.

오전 9시 30분, 의회사무처 직원들의 환송을 받으며 인천국제공항을 향했다. 의회 버스가 북향을 따라 쏜살같이 달렸다. 속리산휴게소에서 잠시 휴식을 취하고, 입장휴게소에서 점심을 간단히 해결했다. 인천국제공항까지 장장 6시간 30분 걸려 겨우 도착할 수 있었다. 우리나라 국토는 작지만 도로는 길고도 멀다.

인천국제공항은 우리나라 관문이라 칭할 만큼 많은 사람들로 붐볐다. 공항입구에서부터 출국인파가 넘쳤다. 코로나 팬데믹을 겪으며 미뤄 놓았던 해외여행을 한꺼번에 가는 듯하다. 여행객마다 갖은 사연으로 출발을 기다리는 중이다. 우리 일행도 이들과 같이 출국행렬에 동참했다. 공항에서 환전과 휴대폰 로밍을 신청했다. 라오스를 향한 탑승구는 많은 사람들로 북적였다. 그동안 제한됐던 해외여행을 보상받으려는 심리가 작용한 듯하다. 진에어 기내식이 없기에 공항식당에서 저녁을 먹었다. 우리 일행은 라오스 지방정부와의 간담회와 현지 방문을 하며 무엇을 얻을 것인가를 고민하며 출국 길에 올랐다. 지금은 무엇이든 창조적 시각으로 도전해야 할 때다.

라오스 수도는 비엔티안으로 우리나라와 6시간 거리에 위치한다. 시차는 두 시간이다. 인천국제공항을 오후 8시 5분에 이륙하여 새벽 1시 45분 라오스 와타이공항에 도착했다. 코로나19 이후 첫 해외방문이어서 긴장감이 돌았다. 라오스 지방정부 관계자와의 언어 소통이 걱정되기도 했다. 별도 통역관을 대동하지도 않았고 라오스 방문은 처음이었다.

라오스 방문을 준비하면서 가까운 지인 중에 최근까지 라오스와 인연이 깊은 분의 조언을 들을 수 있었다. 선교활동을 하시는 목사님 소개도 받았다. 이 분을 통해 어렵사리 비엔티안주정부 및 주정부의회 관계자들과 간담회가 주선되었다고 한다. 사실 지방의원이 라오스의 권력서열 세 번째에 준하는 주정부 지사와의 만남 자체가 불가능한 일이었다. 그것도 경남도의회 의장단이 아닌 상임위원회 차원에서 섭외하기란 상당히 어려웠다는 풍문이다. 그런 만큼 마음 한 구석 부담감도 만만찮았다. 사람관계란 묘하다. 특정 관계인이 주선하면 성사되는 일도 다반사니 말이다.

나와 가까운 지인은 사회복지전문가로서 라오스 지방정부를 돕는 목사님과 친분이 있었다. 라오스 사회복지시설에 생필품과 의약·의료용품 등 지원으로 오랜 협력관계를 유지하고 있다고 한다. 라오스 방문지 소개도 인연의 힘을 빌려 배동환 목사를 만날 수 있었다. 서로 초면이지만 지인의 지인으로 만나니 반가움이 앞섰다.

라오스는 사회주의 노선을 걷는 공산권 국가다. 선교활동이 매우 제한적일 수밖에 없다. 그러나 배동환 목사는 예우하는 격이 달라 보였다. 라오스 지방정부로부터 훈장을 받을 정도로 신뢰받는 분이셨다. 이번 방문에서 가장 중요한 주정부 관계자와의 간담회 주선도 가능했던 궁금증을 풀었다. 우리 일행에게 많은 도움을 준 정성에 감사한 마음이다.

라오스 인구는 730만 명으로 국토의 면적이 한반도의 1.5배에 달하는 것과 비교하면 턱없이 작다. 국토의 약 70%는 열대우림으로 덮여있다. 경제부흥의 핵심인 전력부족이 눈에 훤했다. 도로에 가로등은 고사하고 신호등조차 없었다. 호텔이나 상가의 불빛들도 제한을 받는 듯 어두웠다. 현지 안내자의 말에 따르면 역사적 배경에 부침이 많았다고 한다. 어느 국가이든 역사를 알아야 미래가 보이는 법이다. 라오스는 처음 방문한 국가였지만 주민들의 표정이 밝았다. 천혜의 자연경관으로 세계적인 관광명소가 즐비한 국가이기도 하다. 지하자원이 풍부하여 향후 경제발전 가능성을 높게 평가한다. 관광산업 측면에서 볼 때 동남아시아 인근 신흥국들과 견줄만하다. 그만큼 미래 잠재력이 풍부한 나라다.

라오스 와타이공항에 새벽 시간에 도착했다. 입국 수속을 밟는데 의외로 간편하게 이루어졌다. 나중에 들어보니 외교관이 다니는 통로로 입국했다는 거였다. 우리 일행을 따뜻하게 맞이해 준 라오스가 정겹게 느껴졌다. 입국하는 과정에서 이런저런 배려를 해 주어 반가운 마음과 감사함이 겹쳤다.

와타이공항에 마중 나온 관광버스를 보니 한국산 시외버스였다. 공항주차장 관광버스 대부분이 한국산 중고차였다. 버스 상태만 봐선 한국의 여느 시골마을처럼 느껴졌다. 한국어 글귀가 쓰여 있는 버스가 그대로 운행되고 있었다. 공항에서 숙소로 이동하는 버스 안에서 어렴풋이 메콩강이 보였다. 강을 사이에 두고 이웃나라 태국 국경이다. 라오스는 오랜 전쟁 탓으로 여성들이 집안 살림을 이끄는 모계사회다. 남성들이 전쟁터에 나가 있어 자연스레 여성들의 생활력이 강해졌다고 한다.

눈이 감기고 머리가 어깨에 닿고 하품이 계속된다. 오늘 새벽부터 시작된 일정이 24시간이 지난 지금까지 이어졌다. 피곤이 한꺼번에 쏟아졌다. 하루 종일 지속된 이동의 연속이었다. 라오스행 항공기가 인천국제공항 밖에 없는 탓도 있었다. 가덕신공항이 개통되면 일정의 반은 줄일 수 있겠다. 이동하는 시간이 많아 하루 일과가 숨 가쁘게 지나갔다. 와타이공항에서 우리가 묵을 숙소인 랜드마크 호텔로 향하는 거리 풍경은 스산함마저 일었다. 새벽녘 광경이기도 했지만 첫 대면한 라오스의 밤은 스르륵 반쯤 잠긴 눈으로 보냈다.

비엔티안주정부와 주정부의회의 환대

◇◇◇◇◇◇◇

비엔티안 새벽 공기가 상쾌하다. 떠오르는 태양을 바라보며 조깅을 했다. 햇살이 나만 비추는 것 같다. 발을 내디딜 때마다 호흡이 가뿐하다. 날씨뿐 아니라 기온이 한국과 확연히 달랐다. 겨울나라에서 갑자기 봄이 온 듯하다. 기후가 온화하게 맑아 푸른 하늘처럼 기운이 샘솟았다. 달리면서 가슴속 깊이 전해 오는 기쁨이 저절로 느껴졌다.

호텔라운지에서 아침식사를 했다. 라오스는 싱가포르, 베트남, 말레이시아, 태국, 미얀마, 타이, 인도네시아, 동티모로, 브루나이, 필리핀 등과 함께 동남아시아 11개 국가 중 떠오르는 신흥국이다. 공

산권 국가들이 그러하듯 자본을 바라보는 시각차는 뚜렷하다. 국가 지도자의 신망은 거의 절대적이다. 그런 의미에서 라오스 비엔티안주정부를 이끄는 캄판 지사와의 만남은 기대가 컸다.

우리 일행은 비엔티안주정부의회를 먼저 방문하였다. 분손 의장님을 비롯한 의회 의원들과 사무처 직원들이 환영하며 맞이해 주었다. 나중에 알았지만 주정부의회 회기 중에 방문하게 되어 회의를 잠시 중단했다고 한다. 귀빈으로 맞이해 주어 어쩔 줄 몰랐다. 주정부의회와 간담회를 마련해 준 성의에 감동을 받았다. 라오스는 지방분권이 확대되어 노동인력의 해외파견 자체를 지방자치단체장이 협약하고 시행할 수 있다고 한다.

라오스 지방정부는 18개 주로 이루어져 있다. 세계 34개국과 수교하고 있으며 우리나라는 1995년 국교를 맺었다. 라오스에 원조하고 있어 위상이 높은 느낌을 받았다. 세계 109개 국가에 원조하고 있는 대한민국의 위상을 라오스에서 실감할 수 있었다. 비엔티안주정부의회에 잠시 머무는 동안 캄판 지사와의 간담회 형식의 면담 시간이 정해졌다. 잠시 주정부의회 의장실에서 나누었던 차담을 마치고 비엔티안주청사로 향했다.

비엔티안주정부 캄판 지사는 라오스 권력서열 3위에 해당하는 높은 지위였다. 비엔티안주정부의 위상이 높아보였다. 우리나라와의 교역 규모는 2021년 7,100만 불 수출과 4,900만 불 수입으로 크지 않다. 하지만 매년 급격하게 늘어나는 추세다. 라오스 정부로

선 결코 작은 규모가 아니다. 비엔티안주정부는 대체적으로 경제 강국으로 발돋움한 대한민국과 여러 분야에서 협력관계를 맺으려는 모습이 역력했다. 최근 고환율, 고물가, 고금리로 삼중고를 겪고 있는 대한민국 경제에서 동남아시아 신흥국과의 교역확대는 기회요인이다. 경상남도 주력 산업과 라오스의 젊은 노동력이 결합하면 생산현장에 활력을 불어넣을 수 있겠다는 생각도 들었다.

특히 경상남도의 대외수출액 1위인 조선해양 산업은 최근 인력수급에 국제경쟁력 약화 위기까지 거론될 정도로 심각하다. 라오스 젊은 인재들이 경상남도 산업 생산력을 높일 수 있는 방안도 모색되었으면 좋겠다는 바람이다.

라오스 수도인 비엔티안 특별시에는 약 97만 명의 인구가 살고 있다. 라오스의 13%가 넘는 인구가 수도권에 살고 있는 셈이다. 우리가 방문한 비엔티안 주정부의 인구는 약 48만 명으로 농산품이 발달한 지역이다.

비엔티안 주정부 캄판 지사를 만나 뵈니 매우 소탈하였다. 우리 일행을 맞이하는 환영사에서 많은 감명을 받았다. "우리 정부와 인민을 대표하여 주정부 방문을 진심으로 환영합니다. 라오스는 한국과 매우 가까운 관계를 맺고 있습니다. 우리 마음은 한결같은 믿음으로 사랑하는 관계입니다. 코이카 해외봉사단을 통해 많은 도움을 받고 있습니다. 대한민국의 새마을운동이 경제 및 일상생활 변화에 많은 도움을 주었습니다. 도로 개설, 채소 재배 등 생활환경을 바꾸는 일들과 의식 전환에 기여한 바가 매우 큽니다. 라오스는 의료시설이 열악합니다. 앰뷸런스와 닥터 밴 지원이 필요합니다. 여러 지역을 다니며 의료적 도움을 주고 있기도 합니다. 한국에서 찾아온 의사 중에 신경통을 치료 받았는데 건강을 회복하는 데 많은 도움이 되었습니다.

이곳 주민들 중에는 한국에 파견되어 일을 하고 있는 분들이 여럿 있습니다. 라오스는 농업국가로 한국의 농경기술을 익혀 접목되길 원합니다. 한국 농업기술을 배우면 많은 도움이 될 것입니다. 견물생심(見物生心) 바로 그것입니다. 한국의 선진문물을 배워야 라오스 농업도 발전할 수 있다고 확신합니다."

주정부 캄판 지사의 환영사 구절마다 경제적 지원의 간절함을 느낄 수 있었다. 환영사에 이어 정규헌 인솔단장의 답례 인사말이 이

어졌다.

"이번 연수는 경남도의회 운영위원회 15명 중 7명이 참석했습니다. 캄판 지사님을 비롯한 주정부 관계자 여러분의 환대에 깊은 감사를 드립니다. 경남도의회는 아시아 친선연맹이 중국, 일본, 베트남과 교류하며 우정을 나누고 있습니다. 라오스와도 우호관계를 맺고 함께 하고 싶습니다. 라오스 비엔티안주정부 방문을 통해 경제 등 다른 교류활동으로 확대해 보고 싶습니다."

주정부 캄판 지사는 비엔티안특별시와 고속도로와 고속열차가 개통되어 있어 지리적으로 가까워졌기에 공식적으로 방문해 주기를 희망하였다. 그 외 한국의 지방자치단체는 지역별 특화사업을 하고 도시기반시설도 갖추고 있다. 지방정부의 경쟁력을 높이기 위해 애쓰고 있다는 데 공감해 주었다. 비엔티안주정부 캄판 지사는 라오스 방문 관광객의 80%가 한국인이라고 밝히고, 한국에 방문해 보지 않았지만, 초청해 준다면 가보고 싶다고 하였다. 라오스 한국대사가 비엔티안주정부를 방문했을 때 여러 측면으로 약속해 주어 감사한 마음이다. 앰뷸런스, 닥터 밴, 소방차 등을 지원해 주면 좋겠다고 곁들였다.

비엔티안주정부 캄판 지사와의 간담회 기록

(2022년 12월 27일 오전 11시~12시)

● 비엔티안주정부 캄판 지사 환영사

우리 정부와 인민을 대표해서 환영하고 만나서 기쁩니다. 라오스와 대한민국은 거리가 떨어져 있을 뿐 마음은 매우 가까운 관계입니다. 대한민국의 코이카가 우리나라에 와서 여러 분야에서 많이 도와주고 있는데, 오늘 방문해 주신 경상남도의회 운영위원회 부위원장님을 비롯한 의원님들께 감사드립니다.

대한민국의 새마을운동이 여러 가지로 우리 인민들의 삶에 도움을 많이 주고 있습니다. 비엔티안은 농업이 발달한 지역인데 농지에 채소를 심고 가꾸고, 지역 환경을 개선하고, 도로를 넓게 개량하고, 인민들의 다양한 삶의 질을 높여주는 역할을 하는 데 기여하고 있습니다.

금년에는 우리 지역의 까시군이 대한민국의 지방자치단체와 협약을 맺고 58명이 파견되어 노동을 제공하고 있습니다. 비엔티안주는 농업비중이 높지만 기술이 낙후되어 있습니다. 한국에서 많이 배우게 되길 바라며 많은 관심을 가져주시길 부탁드립니다. 듣는 것보다 보는 것이 더 유익하고 직접 경험하는 것이 가장 중요합니다.

● 정규헌 인솔단장 인사말

우리 일행은 경상남도의회 운영위원회 소속으로 라오스를 방문하였습니다. 처음에는 15명을 계획했다가 7명의 의원이 오게 되었습니다. 바쁜 일과

중에 반갑게 맞이해 주시고 환대해 주신 캄판 주지사님과 직원 여러분께 감사를 드립니다. 경상남도의회는 아시아 국가들과 친선교류연맹을 맺고 있습니다. 중국, 일본, 동남아시아 등 3개의 친선교류연맹이 있는데, 라오스와 상호 협의하여 왕래할 수 있도록 친선교류연맹을 확대하여 서로에게 도움이 되었으면 합니다.

● 비엔티안주정부 캄판 지사 답변

과거에는 비엔티안특별시 수도에서 주정부까지 국도만 개통되어 있었습니다. 지금은 고속도로와 고속열차가 개통되어 접근성이 좋아졌습니다. 향후 다시 공식 방문해 주신다면 우호증진 교류확대 방안을 적극 환영하겠습니다.

● A 의원

우리 대한민국은 지방자치제도를 운영하고 있어 지역의 경쟁력을 높이고 자생력을 강화하는 방향으로 나아가고 있고, 산업기반 시설을 갖추는 데 많은 노력을 기울이고 있습니다. 광역지방자치단체와 함께 기초지방자치단체가 지역경쟁력을 높여 주민들의 복리를 증진시켜 나가는데, 비엔티안 주정부와 중앙정부와의 관계는 어떠한지 궁금합니다.

● 비엔티안주정부 캄판 지사 답변

라오스 또한 지방자치제도를 운영하고 있습니다. 비엔티안 주정부는 지방자치를 운영하는 데 경제적으로 많은 어려움이 있습니다. 지방자치제는 한국과 많은 부분 동일하겠지만 경제부문의 차이점이 많을 것입니다. 지방자치제도로 기초자치단체장의 재량권이 주어져 있습니다.

● B 의원

예전의 대한민국 경제력 또한 빈곤했습니다. 그렇지만 각고의 노력 끝에 지금의 경제성장을 이루었고 크게 변모하였습니다. 제가 보기에 라오스도 무한한 발전 가능성을 가진 나라입니다. 대한민국의 경제부흥 경험을 잘 접목시키면 크게 성장해 나갈 것이라 확신합니다.

● 비엔티안주정부 캄판 지사 답변

한국의 새마을운동에 대해 많은 관심을 갖고 확산시키려 배우고 있는 중입니다. 이곳은 농업중심 지역으로 우수한 농경기술을 익히려고 노력하고 있습니다. 한국의 경제발전상을 참고하여 주정부와 국가의 발전을 꾀하도록 하겠습니다.

● C 의원

경상남도 창녕군이 라오스 까시군과 노동 관련 MOU를 체결하여 파견근로를 시행하고 있습니다. 창녕군과 같이 여러 지방자치단체와 더욱 발전적인 방향으로 협력했으면 하는 바람입니다. 경상남도 차원의 단위에서 비엔티안 주정부와의 협력이 가능할는지 궁금합니다.

● 비엔티안주정부 캄판 지사 답변

라오스는 지방자치제도에 의해 까시군의 사례처럼 군수가 노동관련 권한을 모두 가지고 있습니다. 군수와 협의가 되면 비엔티안 주정부에서는 승인만 해 주는 방식입니다. 노동협약과 해외파견은 얼마든지 가능하다는 말씀을 드립니다. 적극적으로 검토하여 반영할 수 있도록 노력하겠습니다.

● D 의원

주정부 지사님께서 한국을 방문하신 적이 있는지요. 주지사님이 경남도의회에 바라는 바가 있으면 말씀해 주시고, 한국을 방문해 주시면 좋겠습니다.

● 비엔티안주정부 캄판 지사 답변

저는 아직 한국에 방문해 보지 않았습니다. 초청해 주신다면 꼭 방문해 보고 싶습니다. 라오스 관광객 중 약 80%가 한국인입니다. 코로나19 때문에 관광객이 많이 줄어들었지만, 최근 다시 늘어나고 있는 추세입니다. 일전에 주 라오스 한국대사님이 주정부를 방문하셔서 사회봉사단체를 통해 앰뷸런스, 닥터 밴, 소방차 등을 지원해 주겠다는 약속을 하셨습니다. 경상남도의회도 기회가 된다면 이런 부분에 대해 도와주시면 감사하겠습니다.

비엔티안주정부 캄판 지사는 청사 밖까지 나오셔서 우리 일행을 배웅해 주셨다. 라오스는 동남아시아의 잠룡이다. 아직까지 경제발전의 토대를 이루지 못했지만 열정을 다하는 모습에서 미래가 읽혀졌다. 경제개방의 큰 물결이 일어난 만큼 젊은 인재들을 강점으로 많은 변화가 일어날 것이라 점쳐졌다.

라오스의 특징 중 하나가 택시가 없다는 점이다. 라오스에서의 자가용은 개인 재산에 속할 만큼 소유욕이 높다고 한다. 공산권에서 토지는 국가 소유이므로 사유화되지 않지만 승용차는 개인 재산으로 인정받고 있다. 토지는 99년 동안 임대 형식으로 주어진다. 다만 국가로부터 임대받은 토지를 개인이 재임대하는 방식으로 재산처럼 인정된다고 한다.

비엔티안 수도 도심의 전봇대에 매달린 전선줄이 어지러울 정도로 복잡하게 얽혀 있었다. 민간 회사가 전선을 연결하다 보니 거미줄처럼 되었다고 한다. 라오스의 심각한 전력난이 저절로 느껴졌다. 도심 거리를 오가는 자동차 중에는 한국산 중고차들이 많았다. 한국산 중고차를 수입하여 운행하고 있는 것이다.

도심을 활보하는 차량 번호판은 모두 4가지 색상으로 되어 있었다. 이 중에서 흰색 번호판은 할부가 아직 끝나지 않은 임대 차량을 의미하고, 노란색 번호판은 개인 자가용을 뜻한다고 한다. 파란색 번호판은 공공기관 관용 차량에 부착하고, 빨간색 번호판은 가장 영향력이 큰 경찰이나 공산당 등 권력기관이 사용한단다. 번호판만 살펴봐도 신분을 대략 짐작할 수 있어 신기하기까지 했다.

라오스에서 우리 일행이 다닐 주요 도시는 모두 세 곳이다. 수도 비엔티안특별시를 비롯하여, 비엔티안주정부 청사가 있는 방비엥,

그리고 문화역사 유적이 많은 루앙푸안이다. 현지 안내인에 따르면 라오스에서 최소 두 마디는 꼭 필요하다고 말한다. '사바이디'는 '안녕하세요'라는 인사말이다. 사바이(편안) 디(좋은) 뜻이란다. 그리고 '컵자이'는 '감사합니다'이다. 라오스 어디에서든 사람을 만날 때마다 흔히 사용하는 언어다. 우리는 쉽게 따라서 할 수 있게 되었다. 초등학교는 학년 구분 없이 아이들이 한 교실에서 공부한다. 학교에 전기가 없어 낮에만 수업이 이루어지고, 전자기기 자체를 활용하지 못하는 열악한 교육환경이다.

라오스의 특징 중 하나가 권력이다. 우리나라 '시골마을 이장'과 비슷한 마을 대표가 있다. 대표의 의사결정 권한이 가히 수준급이다. 마을에서 가장 힘이 세다고 한다. 마을 대표는 우리나라 이장과 조금 다른 측면도 있었다. 즉, 라오스 마을 대표는 우리나라의 작은 지방의 읍·면·동장과 같은 존재다. 이장이 모든 결정권한을 가지고 행사한다고 하니 놀랍다. 결혼조차 매매혼이라 이장의 승낙을 받아야 가능하다고 할 정도다.

라오스는 자원이 풍부한 국가다. 그러나 자본이 없기 때문에 개발하지 못하고, 대부분 외국기업이 투자하여 소유와 관리를 맡고 있다. 고속도로에는 차량이 거의 보이지 않았다. 톨게이트에서 통행요금을 받아 운영하는 고속도로가 한적한 것은 차량이 부족하고 도시와 도시를 연결하는 고속도로의 역할이 아직 활성화되지 못하기 때문일 것이다. 고속도로가 라오스의 경제적 수준을 여실히 보여주는 듯하다.

한 가지 사례로 비엔티안 수도에서 방비엥으로 이동하는 고속도로를 중국의 민간기업이 건설하여 관리권을 행사하고 있었다. 정부의 행정력이 국토 전체를 관리할만한 장악력이 부족하기 때문에 발생한 일들이다. 고속도로가 개통되면서 5시간 걸리던 거리가 1시간 30분으로 줄어들었다고 한다.

전 세계적으로 공산주의를 채택하고 있는 대표적인 국가는 5개국이다. 라오스를 비롯하여 쿠바, 북한, 미얀마, 베트남이다. 이들 국가는 겉으로 헌법에 의한 통치를 한다지만, 실제 모든 실권은 공산당이 쥐고 좌지우지하고 있는 것이다.

비엔티안주정부 청사를 방문하고 다시 주정부의회로 되돌아왔다. 주정부의회 의원들과 직원들이 입구에 나와 꽃다발을 전해 주며 환영했다. 주정부의회는 임시회 기간이었지만 우리 일행을 위해

회의를 멈추고 간담회를 마련했다고 한다. 사회자의 안내로 의원 상호간 인사를 나누고 간담회가 시작됐다. 언어소통의 문제와 통역의 어려움이 있었지만, 크게 문제되지는 않았다.

주정부의회 분손 의장은 "대한민국 경남도의회 의원님들의 방문을 환영합니다."라는 환영사와 함께 비엔티안주정부의회 의원과 주정부 국제통상국장 등 주요 관계자들을 소개하였다. 비엔티안주정부는 11개 군, 424개 마을, 9만 4천여 세대, 주정부의 인구는 48만 2천 명으로 이루어져 있다. 강, 숲, 임야가 풍부하여 농업 위주의 산업구조를 갖고 있으며, 라오스 중앙의 북쪽에 위치해 있다. 면적의 2/3가 산악지형이고 평지는 1/3에 불과하지만, 연평균 10% 이상의 경제성장률을 기록하고 있다.

비엔티안주정부의회 간담회 기록

(2022년 12월 27일 오후 12시~13시)

● 비엔티안주정부의회 분손 의장

경상남도의회 운영위원 여러분들께서 주정부의회를 방문해 주신 것을 진심으로 환영합니다. 경제통상국장, 지방보건국장 등 비엔티안 주정부의 많은 간부들이 함께 자리했습니다.

● 정규헌 인솔단장

환대해 주셔서 감사드립니다. 경상남도의회 의원들과 사무처 직원을 소개합니다. 만나 뵙게 되어 무척 반갑습니다.

● 비엔티안주정부의회 분손 의장

우리 정부는 라오스 중앙지방에 위치하고 있습니다. 1/3 이상이 산악지형이고, 5개 지역과 경계를 이루고 있습니다. 우리 정부 내에 11개 군, 424개 마을, 94,128세대가 있습니다. 인구는 48만 2천 명입니다. 우리 지역에 아주 가난한 세대는 약 7천세대가 있습니다. 외국에 파견되어 노동하는 인력은 932명이고, 그중 91명이 여성입니다. 비엔티안 주에 한국인은 16명이 거주하고 있습니다. 농업이 주산업이고 강, 숲, 임야가 풍부합니다. 고속도로가 우리 지방을 지나가는데 수도에서 방비엥 지역까지 운영 중입니다. 우리 지방을 지나가는 고속열차는 중국의 국경에서부터 수도까지 운행되고 있습니다. 여기까지 우리 지역의 환경을 소개해 드렸습니다.

● 정규헌 인솔단장

먼저 우리 경상남도의회 운영위원회의 방문을 환대해 주신 것에 대해 감사드립니다. 경상남도는 18개 시 · 군으로 구성되어 있습니다. 인구는 340만 명이고, 면적은 10,541㎢입니다. 경상남도는 타 시 · 도에 비에 다양한 산업이 발달하였습니다. 특히 전자산업과 중공업, 조선, 항공분야 등 많은 기업들이 입지해 있습니다. 세계 1위 원전기업인 두산중공업이 있고, 기술적인 면에서 경상남도가 대한민국 선두에 서있습니다. 산업 이외에도 농업과 어업 등이 접목되어 있습니다. 분손 의장님을 비롯하여 의원님들을 경상남도에 초대하고 싶습니다.

경상남도의회는 64명의 의원이 있고, 7개 상임위원회로 구성되어 있습니다. 행정에서 추진하는 사업들에 대한 결정을 의회가 가지고 있습니다. 이렇게 만나 뵙게 되어 반갑고, 앞으로도 좋은 관계를 유지해 나갔으면 좋겠습니다.

● 비엔티안주정부의회 분손 의장

우리 의회는 총무처를 비롯해 3개의 부처가 있습니다. 의원들은 모두 54명인데, 그중 12명이 여성의원 입니다. 전원 라오인민혁명당 소속입니다. 경상남도 의원 여러분의 건강과 가정이 평안하기를 기원합니다. 우리 의회는 경상남도의회와 영원한 우정을 나누기를 원합니다. 라오스에 계시는 동안 좋은 추억 쌓으시길 바라고, 주정부의회 방문을 진심으로 환영합니다.

● A 의원

비엔티안 주정부의회는 언제 출범하였고, 선거권은 어떻게 되는지 말씀해 주시기 바랍니다.

● 비엔티안주정부의회 분손 의장

2015년 헌법 개정을 통해 지방의회 제도가 도입되었고, 선거를 통해 2016년 제1대 지방의회가 출범하였습니다. 선거권은 만 18세 이상의 성인에게 부여되었습니다. 지방의회는 지속적인 경제발전으로 인해 국회만으로는 지방의 세밀한 사업들에 대해 손길이 미치지 못하여 확장이 필요했기 때문입니다.

● B 의원

비엔티안 주정부와 주정부의회 방문을 준비하면서 지역에 대해 알아보고 왔습니다. 한국에 대한 우호적인 입장을 견지하고 있다고 들었습니다. 저희 또한 경제개발을 위해 매진하는 라오스에 호감을 가지고 있습니다. 경상남도의회와 상호 발전을 가져올 수 있도록 자매결연 등 교류가 가능한지 말씀해 주시기 바랍니다.

● 비엔티안주정부의회 분손 의장

충분히 가능하다고 봅니다. 요청이 온다면 실무적인 내용을 검토하겠습니다. 향후 주정부의회 차원에서 경상남도의회를 방문할 기회를 갖겠습니다. 다양한 가능성을 염두에 두고 추진하면 될 것입니다. 비엔티안 주정부의회 입장에서 경상남도의회의 선진 의정을 본받을 수 있을 것입니다. 많은 도움을 기대합니다.

비엔티안주정부의회는 라오스 전통음식으로 오찬을 베풀어 주었다. 오찬장에서 의원들과의 상호 의견교환이 화기애애하게 이루어졌다. 서로 대화는 연결되지 않았지만, 눈을 마주보며 몸짓으로 우정을 나누는 데 조금의 불편함도 없었다.

비엔티안 주립병원장의 간절함

◇◇◇◇◇◇

비엔티안주립병원은 시내 중심가에 자리하고 있었다. 어느 정부든지 국민의 건강권 확보는 제일 큰 과제다. 생명의 소중함은 무엇과도 바꿀 수 없는 하나밖에 없는 존귀한 것이다. 정부에서 의료진을 양성하고 의술 발전을 도모하여 투자하는 것은 당연하다.

우리가 찾아간 주립병원 입구에 룩셈부르크 깃발이 휘날리고 있었다. 2001년 원조로 지어진 건물이었다. 최근 증개축 공사가 진행되고 있어서 병원은 어수선하였다. 병원 회의실에서 솜놋 병원장을 비롯한 4명의 의료진이 함께한 가운데 간담회 자리를 가졌다.

솜놋 병원장은 방비엥에서 가지려했던 관계 기관장 회의를 불참하고 간담회에 참석했다. 주립병원의 부원장은 대구시 계명대학교 동산병원에서 수련한 경험을 갖고 있어 한국에 매우 호의적이었다.

비엔티안주립병원 방문 기록

(2022년 12월 27일 오후 3시~)

● 비엔티안주립병원 솜놋 병원장

비엔티안 주립병원의 병원장입니다. 병원장으로서 경상남도의회 의원님의 방문을 환영하며 감사드립니다. 옆에 계신 분은 이 병원의 부원장인데, 한국에서 의료연수를 마쳤습니다.

연말이라 회의들이 많고 바쁘지만, 의원님들이 방문하셨다고 하여 회의에 불참하고 간담회에 참석하였습니다. 우리 병원은 룩셈부르크에서 20년 전에 지어주었고, 오랜 세월이 흘러 시설 노후가 심합니다. 이번에 증개축을 진행 중이어서 병원이 혼잡스럽고 의료 장비가 부족합니다. 증개축이 이루어지면 정리가 되고 병원 업무가 정상화될 것입니다.

● 정규헌 인솔단장

병원장님 만나 뵙게 되서 반갑습니다. 경상남도의회 운영위원회 부위원장 정규헌입니다. 의원님들을 한분씩 소개해 드리겠습니다. 연말이라 바쁘실텐데 환대해 주셔서 정말 감사합니다. 한국 관광객들이 질병이나 사고가 발생하면 주립병원에서 치료를 받는다는 이야기를 전해 들었습니다. 주립병원 노후가 많은데 환자 치료가 잘 이루어지길 빕니다. 그리고 경상남도의회에 의료품 등 필요한 부분이 있다면 언제든지 적극적으로 도울 수 있는 방법을 찾아보겠습니다.

● 비엔티안주립병원 솜놋 병원장

우리 병원은 아직까지 의료시설과 기술이 부족합니다. 한국으로부터 필요한 부분들이 많고, 여러 가지 도움을 받고 있어 감사하다는 말 밖에 할 게 없습니다. 참고로 말씀드리면 전국에 병원이 215개이고, 그중 종합병원은 25개입니다. 이곳 주립병원은 종합병원에 해당되고, 라오스 국내에서 굉장히 수준이 높은 편이지만, 선진 국가와 비교할 때 기술이 낙후되어 있습니다. 룩셈부르크에서 원조를 해 주었기 때문에 그나마 이 정도 수준을 유지하고 있습니다. 이곳에는 한 등급 더 낮은 군립병원이 있고, 그 외에는 보건소 개념의 작은 병원이 있습니다.

● A 의원

주립병원에서 치료가 어려운 환자는 어디에서 진료를 받는지요?

● 비엔티안주립병원 솜놋 병원장

이곳에서 수도까지 약 80Km 떨어져 있는데, 우리의 의술로 가능한 환자는 모두 이곳에서 치료를 받게 됩니다. 응급환자의 경우 수도가 있는 비엔티안의 종합병원으로 수송하여 치료하도록 조치하고 있습니다. 이럴 때 환자를 수송할 수 있는 앰뷸런스가 필요합니다. 저희가 필요한 리스트를 만들어 드리도록 하겠습니다.

● B 의원

주립병원을 이용하는 환자들의 주된 질병은 무엇이고 간단한 수술을 하고 있는지요?

● 비엔티안주립병원 솜놋 병원장

신경외과 수준은 못가고 위, 폐, 맹장, 담석 등 진료를 진행하고, 맹장 관련 수술도 집도하지만 전체적으로 치료의 수준이 높지 않고 특히 뇌질환이나 심혈관계 질환은 아직 걸음마 단계입니다.

● C 의원

한국인 관광객이 병원을 찾아 치료받는 경우가 있는지요?

● 비엔티안주립병원 솜놋 병원장

비엔티안의 액티비티 체험관광 여행 중에 사고로 찾아오는 경우는 극히 일부분입니다. 그러나 라오스의 식수에 석회질 성분이 많아 물을 잘못 먹고 내방하는 환자가 많습니다.

● D 의원

교통사고로 인한 환자 발생이 많을 것 같은데 외과수술 등은 가능한가요?

● 비엔티안주립병원 부원장

최근 외과수술에 대해 연수를 받고 와서 교통사고에 의한 신체손상 등 간단한 수술은 가능한 상황입니다.

● E 의원

우리가 선진 의료 장비를 제공해 드렸을 때 의료 수술기구를 운용할 수 있는 의료진은 충분한가요?

● 비엔티안주립병원 솜놋 병원장

요즘에는 의료 장비를 운용하는 인력 양성이 있어 충분합니다. 대체적으로 의료 장비의 수가 부족하고, 낙후되어 있어서 의료 장비 보급이 필요한 실정입니다. 저희 병원의 부원장의 사례처럼 의사들의 수준향상을 위해 선진 병원에서 수련을 받을 수 있는 기회가 제공되었으면 하는 바람입니다.

● F 의원

한국인 특히 경상남도에서 온 관광객들이 몸이 불편하여 입원을 찾게 되면 각별히 잘 챙겨 주십시오. 부원장님의 전공은 무엇인가요?

● 비엔티안주립병원 부원장

오늘 의원님들의 방문을 계기로 더 잘 챙겨보도록 하겠습니다. 저는 일반적인 정형외과 전공입니다.

● G 의원

주립병원을 지어준 룩셈부르크와의 관계가 어떤지 궁금합니다.

● 비엔티안주립병원 부원장

라오스 국가와 특별한 관계가 있는 것이 아니라 룩셈부르크의 국가 정책상 개발도상국에 원조를 많이 해 주고 있습니다. 그 일환으로 우리 병원도 지어준 것입니다. 주립병원의 정식 명칭은 '마리아 테레사 병원'입니다. 룩셈부르크 영부인의 이름을 붙여 예우를 하고 있습니다.

무엇보다 저는 대구시 동산병원에서 의료연수를 받았습니다. 300번 이상 외과 수련의로서 한국에 늘 감사한 마음을 갖고 있습니다.

비엔티안주립병원 솜놋 병원장의 간절함은 의료 장비 확충에 있었다. 현재 병원 증개축을 하고 있는 중이다. 의료 장비 노후와 표준이나 기준에 미치지 못하고 있어 안타까움이 더했다. 병원장으로서 필요한 의료 장비 리스트를 만들어 주겠다고 하였다. 그만큼 간절함이 묻어나고 어려움이 많다고 느껴졌다. 이곳은 수도와 80km 정도 떨어져 있어 긴급환자 의료에 대한 걱정이 많았다. 주립병원의 의료 장비만 확충하면 얼마든지 수술이 가능하다고 강조했다. 의료기술이 뛰어나기에 굳이 먼 곳으로 보낼 필요가 없다. 수술을 집도할 의사가 충분하기에 증개축과 함께 의료 장비만 구비되면 좋겠다는 표현을 몇 번이 자주했다. 닥터 밴은 의료시설이 부족한 시골마을 주민들에게 반드시 필요하다고 하였다. 인류애를 실천하는 병원장의 간절한 마음이 가슴에 꼭 닿았다. 의술을 베푸는 것은 인류애를 실천하는 일이다. 우리나라 1960년대 보릿고개를 넘던 시절이 생각났다. 라오스에 의료 장비 보급과 의료품 전달은 상상하

는 것 이상의 성과를 거두는 일이다.

라오스의 25개 종합병원 중에서 그나마 비엔티안주립병원은 수준이 높게 평가되어 있었다. 외과적 수술 집도가 가능하기 때문이다. 아직 신경치료와 뇌·심혈관계 수술은 엄두도 내지 못한다고 한다. 구급환자를 먼 곳까지 수송해야 할 앰뷸런스도 부족한 실정이다. 한번은 환자를 수송하는 중에 앰뷸런스가 고장으로 멈추어 아찔한 상황이었다고 한다. 생명을 살리는 골든타임이 있기에 안타까움이 더했다.

우리나라 또한 배고프고 어려웠던 시절이 있었다. 라오스 지방정부 곳곳을 다니면서 절박함을 겪어내고 있는 현실이 몸으로 느껴졌다. 지금 우리나라 의료기술은 가히 혁명적이라 할 수 있다. 인류의 생명 연장은 의술의 발달이 가장 큰 몫을 해냈다. 이 점을 잊지 않았으면 좋겠다는 생각에 진한 감동이 밀려 왔다.

라오스 국립간호대학 환영회

◇◇◇◇◇◇

라오스 국립간호대학은 비엔티안주립병원 가까이에 있어 멀지 않았다. 걸어서 10여 분 정도 이동한 거리였다. 이곳에서 깜짝 놀랐다. 우리 일행을 환영하는 현수막이 커다랗게 걸려 있었다. 안내하여 들어선 간담회 장소는 정성스럽게 준비한 모습이 역력했다. 우리는 칸타리 간호대학장이 주재하는 간담회를 통해 가장 필요한 부분이 무엇인지 알 수 있었다.

라오스 국립간호대학 간담회 기록

(2022년 12월 29일 오전 11시~12시)

● A 의원

라오스의 교육 기조는 무엇이며, 재원은 어떻게 운영되고 있습니까?

● 칸타리 간호대학장

라오스 정부는 빈곤 퇴치를 위해 범국가적으로 가장 필요한 분야 중 하나가 교육이라는 인식을 갖고 있습니다. 인적자원 개발을 국가 발전의 핵심목표로 삼고 정책을 수립하여 추진 중입니다. 그중에서 인민들에 대한 공평한 교육기회 보장과 평생학습 증진을 주된 목적으로 하고 있습니다. 간호대학의 재원은 중앙정부의 지원과 학생들의 등록금으로 충당하고 있습니다. 재정적으로 많이 열악한 실정입니다.

● B 의원

라오스의 학제와 의무교육 운영은 어떠한지요?

● 칸타리 간호대학장

만 6세 이상이 초등학교 교육대상입니다. 초등학교까지 의무교육으로 되어 있지만, 실제 교육혜택을 받지 못하는 아이들이 많습니다. 학제는 초등학교 과정은 5년제이고, 중 · 고등학교는 통합하여 7년제로 되어 있습니다.

● C 의원

국립 간호대학 운영에 필요한 경비는 어떻게 마련되고 있습니까?

● 칸타리 간호대학장

교수와 교직원 급여는 정부에서 전액 지원되고, 기타 대학 운영에 필요한 경비는 학생들이 부담하는 등록금으로 충당해 나가고 있습니다. 그러나 실제 부족한 재정이 많아 양질의 교육을 위해 도움의 손길이 절실한 실정입니다. 강당의 보수가 필요하고 학생들의 노트북과 스마트기기 실습 교 · 보재 부족으로 어려움이 많습니다.

● D 의원

현재 대학에서 가장 개선이 필요한 부분은 무엇입니까?

● 칸타리 간호대학장

강의실 면적이 협소하고 칠판도 노화된 상황입니다. 무엇보다 강의실 내부에 에어컨이 없고, 선풍기만 1~2대 가동하고 있어 여름만 되면 교수뿐만 아니라 학생들이 힘들어 하고 있습니다. 대학의 열악한 학습 여건 개선이 필요합니다.

칸타리 학장은 환영사를 통해 우리 일행을 맞이하며 기분이 너무 좋았다고 밝혔다. 이곳 대학은 2004년 준비 과정을 거쳐 2006년에 개교하였다고 한다. 현재 간호학과 학생은 264명이고, 교수진 24명, 교직원 6명이 근무하는 소규모 작은 대학이다. 3년 동안 교육을 받고 간호사 자격을 취득하여 일부는 병의원 등 의료기관에 배치되

고 일부는 공무원이 된다고 하였다. 국립대학이지만 정부의 재정지원이 부족하여 간호실습에 필요한 학습도구 지원을 요청하였다. 특히 학생들에게 필요한 컴퓨터와 간호실습에 필요한 도구가 오래되어 도움의 손길이 절실하다고 거듭 밝혔다.

교직원 급여는 정부에서 전액 지원되고, 학사 운영에 필요한 경비부분은 대학생들이 부담하는 등록금으로 충당하고 있다. 그러나 학생들에게 필요한 다양한 커리큘럼은 엄두도 내지 못할 정도로 재정적 뒷받침이 어렵다고 호소했다. 경제적으로 크게 성장한 한국이 우리와 같은 마음으로 지원의 손길을 열어 주었으면 하는 눈치였다.

현재 간호대학에서 가장 필요로 하는 부분이 무엇이냐는 질문에 칸타리 대학장이 불쑥 대학 강당의 보수가 필요하다고 답했다. 그리고 대학 강의실 전자칠판 등과 컴퓨터와 실습도구가 절실하다고 말했다. 칸타리 대학장은 경상남도의회에서 무언가 사회공헌활동으로 필요한 자원을 확인 차 내방한 것이라 믿는 것 같았다. 우리나라가 지원하는 원조품 대부분은 기초 생활지원이다. 그렇다보니 대학이나 병원 등 인류애가 담긴 지원이 부족할 수 있겠다는 느낌을 갖게 되었다.

컴퓨터 지원도 마찬가지다. 우리에게 사용연한이 지난 물품도 라오스 등 신흥국에서는 얼마든지 활용할 수 있다. 조금만 생각해 보면 많은 부분에 도움을 줄 수 있는 것이다. 라오스에 와보지 않았으면 알지 못했던 부분들을 깨우칠 수 있어서 기쁜 마음이다.

간담회를 마치고 간호대학 학생들이 라오스 전통무용 공연을 선보였다. 맨발에 화려한 전통의상을 입고 반주에 맞춰 춤을 추었다. 학생들이 춤을 선보이며 천진난만하게 웃는 모습이 오래도록 기억에 남을 듯하다. 학생들과 함께 기념촬영을 하였다. 부끄러움이 많은 학생들이 낯선 이국의 우리 일행을 어떤 시각으로 바라봤을까 생각해 보니 어깨가 무거워진다.

배동환 목사는 칸타리 간호대학장과 친밀도가 매우 높았다. 아마 간호대학에 부족한 실정들을 잘 알고 후원단체를 통해 이모저모 도움을 주고 있는 모양새였다. 우리 일행과의 간담회 주선도 그런 의미에서 만들어졌을 것이다. 어찌되었건 배동환 목사는 라오스 전통무용을 선보인 대학생들에게 일일이 감사를 표하며 화장품을 선물하였다.

선교를 위해 머나먼 라오스에서 활동하는 배동환 목사를 바라보았다. 한국에서 낯선 이국땅을 찾아 평생 목회를 하는 모습에서 경외감마저 들었다. 한국인으로서 애국하는 길이 무엇인지 나도 모르게 고개를 숙이게 된다. 이런 열정으로 대한민국의 품격이 높아지고 있기 때문이다. 아마 우리에게 이런 마음을 갖게 한 것도 이와 무관하지 않을 듯싶다.

방비엥군립병원장이 보건국장입니다

◇◇◇◇◇◇

이상한 일을 겪었다. 방비엥군립병원에서 일어난 일이다. 페드사몬 병원장이 반갑게 맞이하여 주었다. 병원장과 의료진 3명 중에는 한국인도 있었다. 코이카 해외봉사단의 송유진 간호사였다. 젊은 간호사가 라오스의 작은 지방정부인 방비엥군립병원에서 봉사하고 있었다. 한편 우리나라 국력이 대단하다는 느낌도 지울 수 없었다. 비엔티안 최초로 아동병원이 2011년 11월 개원하였는데, 코이카 해외봉사단이 개척한 것이다. 라오스 통합 모자보건 및 소아과 의료인력 교육사업에도 950만 달러를 지원하였다고 하니 놀랍지 않을 수 없었다. 또한 우리가 방문한 방비엥군립병원에 주기적으로 간호사를 파견하고 있단다. 송유진 간호사는 코이카를 통해 이곳 병원에서 근무하고 있다. 송유진 간호사가 근무하는 응급실을 둘러보니 열악한 수준이었다. 가슴에서 눈물이 울컥 솟았다. 어린 아이를 품에 안은 어머니의 눈과 마주쳤다. 울며 아파하는 아이 곁에서 애처롭게 바라보는 어미의 심정을 느꼈다. 먼 이국땅에서 의료봉사에 참여하며 환자를 돌보고 있는 송유진 간호사가 동시대에 살고 있는 한국인으로서 무척 대견스러웠다.

그러나 우리 일행을 더욱 놀랍게 한 것은 방비엥군립병원 페드사몬 병원장이 방비엥 지방정부의 보건국장이라는 점이었다. 보건국장이 병원관리자다. 병원의 의사가 부족하여 수술까지 도맡아 집도

하고 있다고 한다. 방비엥은 한국인에게 배낭여행의 메카로 불릴 정도로 관광객들이 많이 찾는 지역이다. 관광객 대부분이 한국인이어서 긴급한 사고발생 등으로 응급실을 찾아오는 일이 잦다고 말한다. 이때 송유진 간호사의 역할이 크다고 한다. 라오스에서 모국어를 사용하는 간호사를 만났을 때 얼마나 안심할 것인가! 다시금 코이카의 노력과 봉사자들의 열정에 감동하지 않을 수 없다.

페드사몬 병원장은 "우리 인민들의 건강을 돕기 위해 병원을 방문해 주셔서 감사합니다. 저희 병원에 의료진과 환자에게 필요한 의료품을 지원해 주고, 한국에서의 연수 기회를 제공해 주셔서 깊이 감사드립니다. 닥터 밴과 같은 의료 지원차량과 건강을 돕는 의료 장비가 필요한 상황입니다. 한국 정부에서 학교 신개축 지원과 교육재단에서 많은 도움을 주고 있습니다. 보건소 및 작은 병원에

대해서도 관심을 가져주었으면 합니다. 특히 의과대학의 실습장비 노후가 심각합니다. 마지막으로 부탁드릴 것은 의료진들이 한국에서 연수를 받을 기회를 확대해 주었다면 좋겠습니다. 또한 한국의 전문의가 라오스를 방문하여 일정기간 근무해 주었으면 하는 바람입니다."

이런 상황이 있다고 전해 주었다. 한국에서 지원받은 의료 장비가 많은데 고장이 났을 경우 수선할 방법이 부족하다고 한다. 값비싼 의료 장비를 사용할 수 없으니 안타까운 심정은 차마 말할 수 없을 것이다. 우리가 그동안 알지 못했던 사정들을 상세히 일깨워 주었다. 방비엥은 중국의 계림과 같은 곳이다. 기후가 온화하고 빼어난 산하의 절경이 일품이어서 한국인들이 많이 찾는 곳으로 유명하다. 방비엥 도심의 도로들은 폭이 좁아 대형버스 진입이 어려웠다. 라오스에서 중소도시에 속하기에 도로 사정이 부족하다. 민간기업의 투자 기회요인이 멀지 않겠다는 생각이 들었다.

방비엥군립병원 방문 기록

(2022년 12월 28일 오전 11시~12시)

● A 의원

라오스 국립간호대학과 비엔티안 주립병원을 방문하고 방비엥 군립병원에 왔는데 의료기관마다 공통적으로 앰뷸런스 등 의료 장비를 지원해 달라는 요청을 받았습니다. 응급환자는 골든타임이 중요한데, 시기를 놓쳐 치료를 받지 못하는 현실은 개선되어야 한다고 생각하는데 함께 고민해야 될 듯싶습니다.

● 방비엥군립병원 페드사몬 병원장

병원에 의료 장비 부족문제에 절감하고 있는 실정입니다. 정부에서 재정 여건이 열악하여 개선이 지연되고 있어 걱정이 많습니다. 우리 병원에도 노후화된 앰뷸런스 한 대만 운용 중에 있어 응급상황에 대처하기가 어렵습니다. 지금으로는 선진국의 원조만이 해결책입니다. 경상남도의회가 관심을 가져준다면 큰 힘이 될 것입니다.

● B 의원

대한민국 지방자치단체와 우호교류나 업무협약을 체결한 사례가 있는지요?

● 방비엥군립병원 페드사몬 병원장

아직까지 사례가 없습니다. 만약 경상남도의회가 긍정적으로 검토해 준다면 크게 환영할 뿐입니다.

● C 의원

코이카 해외봉사단 일원으로서 송유진 간호사가 응급실에서 근무하고 있는데 각별한 관심으로 잘 적응해 나갈 수 있도록 부탁드립니다.

● 방비엥군립병원 페드사몬 병원장

송유진 간호사 이전에 파견됐던 간호사가 오랫동안 근무하고 복귀했습니다. 정말 열심히 노력해 주신데 대해 감사를 드립니다. 이번에 새로 오신 송유진 간호사 또한 잘 적응할 수 있도록 도와드릴 것입니다.

방비엥군립병원을 이용하는 인구수는 66,000명에 이른다. 인근 지역까지 포함하면 군립병원이 의료건강관리 하는 인구수만 11만 명에 달한다. 비엔티안주정부 48만 명의 주민들 중 거의 1/3을 책임지고 있는 셈이다. 방비엥은 라오스 국토의 중간지점에 위치하고 있다. 지형적으로 유동인구가 많을 수밖에 없는 위치다. 특히 주민들이 주로 이용하는 교통 수단인 이륜차 사고가 많은 지역이다. 이러한 지역특성상 위급 수술환자 발생 빈도가 높다.

라오스는 2019년부터 2022년까지 만 3년 동안 코로나19로 인해 한국인 관광객이 거의 없었다. 올해 후반기부터 한국인들이 다시 찾아오기 시작했다. 이곳 관광객 대부분은 한국인이다. 라오스는 정치적으로 5호 주민감시제가 있어서 관광객들은 허가된 지역만 다닐 수 있다. 아무 곳이나 민가에 들어갈 수 없도록 법에 명시되어 있다. 그러다보니 열악한 부분이 많다. 환자가 많아도 의료 장비가 부족하고, 의사 중에도 수술을 집도할 수 없어 보건국장이 맡을 정도다. 어젯밤에도 한국인 한 명이 허리를 다쳐 군립병원 응급실로 왔지만 처치만 하여 비엔티안으로 긴급 후송하였다. MRI를 갖추지 못해 X레이 촬영이 전부이고, 앰뷸런스가 없어 후송하는 데 애를 먹었다. 한국어 소통의 어려움은 충분히 극복할 수 있다. 라오스와 대한민국의 협력관계가 잘 이루어졌으면 하는 바람이다. 코이카 해외봉사단 정책이 현장 소장에게 권한이 다 주어져 있다. 소장 재량이 절대적이어서 한국인 간호사와 물리치료사 근무 여건을 파악하여 지원해야 하는 데 부족한 측면도 있다.

정규헌 인솔단장은 방비엥병원을 방문하면서 열악한 형편에도 주민들과 관광객들에게 의술을 펼쳐주어 감사하다는 말을 전했다. 라오스의 병원들을 방문하면서 짧은 기간이었지만, 많은 것을 느꼈다. 한국의 경제 형편도 좋지 않지만, 라오스를 돕고 싶다. 경상남도의회가 관심을 갖고 도울 수 있는 방안들을 찾아보겠다고 약속했다.

우리나라 지방자치단체와 어떠한 협약이나 제휴관계를 맺고 있지 않다고 하여 경상남도의회와 자매결연도 추진해 볼 필요가 있다고 본다. 의료 장비 지원과 의료 인력 파견은 국가적으로 해야 할 부분이다. 그렇지만 의료품 지원 등은 경상남도의회와 진행해 보고 싶다고 밝혔다.

국내에서 간호사로 근무하다 코이카를 통해 해외봉사의 길을 택한 송유진 간호사가 떠올랐다. 방비엥군립병원에 한국인은 혼자였다. 한편 기특하기도 하고 애틋한 마음도 들었다. 송유진 간호사는 가까운 비엔티안주립병원에 한국인 파견 봉사자가 있어 괜찮다고 했다. 대한민국 위상이 국제적으로 높아진 만큼 해외봉사 인력의 처우도 점차 나아졌으면 하는 바람이다. 방비엥군립병원의 현장을 둘러보면서 느낀 점이 한두 가지가 아니다. 열악한 의료환경 개선에 인류애를 바탕으로 후원활동이 모아지길 바라는 마음 간절했다.

중국이 건설한 고속도로와 고속열차

◇◇◇◇◇◇

비엔티안주정부와 주정부의회를 방문하는 길에 나섰다. 중국 민간기업이 건설한 비엔티안 보텐 고속도로가 시원스레 뚫려 있었다. 그런데 곧게 이어진 고속도로에 지나가는 차량이 보이질 않았다. 고속도로 포장상태는 아스팔트가 아닌 시멘트였다. 비엔티안에서 방비엥까지 5시간 걸리던 길이 1시간 30분대로 단축됐다고 한다. 교통망이 획기적으로 개통되면서 거리가 가까워졌다.

고속도로는 50년간 중국 윈난성건설투자지주집단이 운영권을 갖고 통행료 수입을 얻게 된다. 그 이후 라오스정부에 기부하는 BOT(Build Operate Transfer) 방식으로 건설되었다. 중국의 민간자본으로 고속도로는 개통되었지만 통행료 부담으로 운행 차량이 없는 실정이다. 2010년 개통된 거제 부산을 잇는 거가대로 통행료는 전국 최고로 높다. 거기에다 최소운영수입보장제도(MRG; Minimum Revenue Guarantee) 협약으로 인해 경상남도와 부산광역시가 부담하는 재정이 년간 230억 원에 달하고 있다. 지방자치단체 입장에서 이러지도 저러지도 못하는 부분이다. 2020년 1월부터 대형차(2만 원), 특대형차(2만 5천 원)으로 5천 원씩 내렸고, 경차(5천 원)는 첫 개통 당시부터 50% 할인을 적용받고 있었다. 2023년 1월부터 승용차 8천원(기존 1만 원), 중형차 1만 2천 원(기존 1만 5천 원)을 공휴일 통행료 할인율 20%를 적용하고 있다. 민간투자법에 의한 지방자치단체 민자도로가 부쩍 많아졌다. 통행료 부담도 큰데다 지방자치단체의 재정부담이 늘어나는 것도 문제가 아닐 수 없다.

우리나라 거제 섬과 부산을 잇는 거가대교 통행료 문제가 거론된 것은 어제오늘이 아니었다. 전국에서 가장 비싼 도로라는 악명으로 명성이 높다. 거가대로 거리의 통행료는 국도의 재정도로 수준으로 볼 때 2천 원 안팎이 적당하다. 지금보다 최소 50% 반값으로 줄여야 한다. 가령 승용차 기준 5천 원, 중형차는 8천 원으로 낮추어야 하는 것이다. 이제 겨우 첫 삽을 떴다. 공휴일을 기해 조금 낮춘 성과를 올린 것이지만, 한번 물코를 텄으니 주민들의 기대치에 부응해야 된다. 난공불락이었던 통행료를 낮출 수 있다는 자신감도 붙었다. 점차 할인 폭을 늘려 통행료 반값시대를 열어야 한다. 2023년 국비 예산에 거가대로 고속국도 승격 등을 위한 용역비 3억 원이 확보됐다. 고속국도로 승격되면 국비 재정투입이 가능해지므로 통행료 인하요인이 발생할 것이다. 주민들은 그만큼 통행료 부담이 줄어들 것이 뻔하다.

라오스를 방문하여 첫 대면한 비엔티안 보텐 고속도로를 보며 민자도로의 통행료 부담 심각성이 되살아났다. 라오스 경제부흥을 바탕으로 민자 고속도로가 실패작이 되지 않기를 바래본다. 시원스레 뚫린 고속도로를 달리며 라오스정부가 50년 이후 인수받아야만 통행료 부담이 없어질 것으로 보인다. 중국 민간기업의 고속도로 건설이 한편 서글퍼 보이기도 했다.

방비엥 역에서 루앙프라방으로 향하는 기차를 탔다. 마찬가지로 중국이 만들어 개통한 고속열차로 최신형이었다. 2016년 12월 착공하여 5년에 걸친 공사 끝에 2021년 12월 개통하였다. 본래 중국 쿤밍에서 라오스 비엔티안까지 1,035km에 달하는 고속열차다. 그러나 무슨 일인지 알 수 없지만, 중국 국경을 넘어서는 철로는 막혀 있었다. 우리 일행이 도착하는 루앙프라방 역이 종점이다. 중국이 고속열차를 개통하는 데 소요된 비용은 59억 9,000만 달러에 달한다. 비용 분담은 중국과 라오스가 70:30으로 하였다. 중국은 일대일로 정책의 일부로서 물류비가 줄고 인적·물적 교류가 늘어난다는 장점이 있다. 그렇지만 재정이 불안한 라오스 입장에서는 큰 부담으로 작용할 위험성이 높다.

고속열차를 이용하기 위해 대합실로 입장하려는데 신분 확인을 한다. 가방을 비롯한 휴대품 검색도 했다. 국제공항에서와 마찬가지로 승차권과 여권을 내밀기를 요구했다. 향후 국경을 넘어 중국으로 이동할 수 있기 때문에 그런가보다 생각됐다. 대합실에서 10여 분 기다린 끝에 고속열차에 올랐다. 장거리 승객이 많은 듯 가방을 올려놓을 공간이 없을 지경이었다. 고속열차가 최신형이라 깨끗했다. 승객을 위한 안내를 라오스어, 영어, 중국어 순으로 안내해 주었다. 한국어는 한국 관광객이 많아지면 가능하지 않을까 기대해 본다. 고속열차는 한 시간 남짓 거리를 날아가듯 달렸다. 루앙프라방 역에 도착해 보니 출구에서 열차표 검사를 다시 했다. 한꺼번에 내린 승객들이 줄지어 장사진을 이뤘다.

루앙프라방 지역은 옛 라오스 수도가 있었던 유서 깊은 곳이다. 우리나라 경주와 비슷한 곳이다. 현재 박물관으로 사용하고 있는 당시의 왕궁도 그대로 있고 기나긴 문화역사와 유적이 많은 곳이다. 루앙프라방 역에서 봉고차를 타고 숙소까지 이동하였다. 봉고차는 계속하여 깊은 산중으로 내달렸다. 도로 포장이 엉성한 울퉁불퉁한 시골길을 25분 달리니 아담한 마을이 나타났다. 캄캄한 밤중에 도착한 숙소는 깔끔하였고 고풍스러운 느낌마저 주었다.

유네스코 세계문화유산 공양 체험

◇◇◇◇◇◇

새벽 4시 30분 요란한 모닝콜과 함께 일어났다. 탁발 수도승을 공양하는 체험에 나섰다. 아직 어둠이 채 가시지 않은 새벽을 깨워 조용히 숙소를 빠져나왔다. 탁발 수도승을 만나는 건 처음이었다. 탁발은 끼니를 굶는 사람을 구제하는 독특한 문화이다. 1990년대 초 불교국가인 라오스는 수도승의 탁발수행을 유네스코 세계문화유산으로 등재했다. 그 이후 외국인들이 공양 체험에 많이 나서고 있다. 탁발을 통해 아집을 없애고 무욕과 무소유를 실천하는 것을 체험하기란 쉽지 않은 일이다. 또한 보시하는 이는 공덕을 쌓는 역할을 한다. 소승불교는 자기수련이고, 대승불교는 대중화하는 데

더 큰 의미를 두고 있다는 것도 이번에 깨달았다. 이번 공양 체험은 소승불교 스님들을 대하는 것이다.

미리 준비해 준 방석의자에 앉아 기다리고 있으니 탁발 행렬이 줄지어 이어져왔다. 떨리는 손으로 정성스레 따뜻한 찹쌀밥을 공양하며 나 스스로 동화된 듯하였다. 공양 체험은 이른 새벽에 스님들이 절 주변을 돌며 음식물을 공양 받는 불교 고유의 의식으로, 스님들은 본인이 섭취할 양만큼만 남기고 가난한 사람들에게 나머지 음식을 나누어 준다. 어려운 가운데에서도 나눔을 공유하는 문화가 인상적이었다. 스님들이 매일 새벽마다 말없는 탁발 수행을 통해 부처님께 정진하는 모습을 몸소 보여주는가 보다. 구도자적인 스님들의 수행을 보면서 삼라만상 세상의 이치를 깨닫고 물욕 없이 살아가라는 말씀이 귓가에 쟁쟁하다. 아무튼 이번 공양 체험을 통해 세속의 욕심을 버려야만 덧없이 살아가는 행복을 누릴 수 있다는 평범한 진리를 얻은 듯하다.

공양 체험을 마치고 400계단을 따라 산 정상에 위치한 사원에 올랐다. 루앙프라방 도심이 훤히 내려다보였다. 가까운 곳에 메콩강이 유유히 흐르고 간혹 프랑스식 건물들이 이색풍경을 자아내고 있었다. 18세기 초 라오스 북부의 루앙프라방, 중부의 비엔티안 및 남부의 참파삭 왕국으로 분열되어 태국의 영향권하에 놓여 있다가 1893년 프랑스 보호령으로 귀속되었던 역사의 잔재물이다. 라오스는 제2차 세계대전 당시 일본의 군사점령하에 있다가 1953년 10월 22일 입헌군주제의 왕립라오스정부를 수립하며 독립 국가로서

틀을 갖추었다. 그러나 1975년 8월 라오애국전선은 공산혁명에 성공하여 같은 해 12월 2일 왕정을 폐지하였다. 지금의 라오스는 이때 탄생된 국가이다. 루앙프라방 도심의 프랑스식 건물을 내려다보며 애틋한 마음이 든 것은 내가 한국인이기에 그렇다.

비엔티안 주정부 보건부장의 요청

◇◇◇◇◇◇◇

비엔티안 주정부 임폰 보건부장은 누구보다 우리 일행을 환대했다. 무엇인가 한 가지라도 빠짐없이 전달하려는 의지가 강한 모습이었다. 보건부의 역할은 경상남도 보건복지국 담당업무와 비슷하였다. 비엔티안 주정부 산하에 있는 주립병원과 군립병원 등 의료시설 전반의 관리를 맡고 있었다.

그동안 대한민국 정부에서 라오스 교육시설의 신·증축과 병원의 의료 장비 지원으로 교육과 건강증진 향상에 큰 도움이 되었다고 밝혔다. 한국인 관광객이 라오스 관광산업 발전에 차지하는 비중이 높은 만큼 주요 병원마다 한국인 의료진이 파견근무를 할 수 있도

록 도와달라는 요청을 하였다.

비엔티안 주립병원과 방비엥 군립병원, 라오스 국립간호대학 등 보건의료기관을 방문할 때마다 이구동성으로 요청하는 부분이 의료 장비와 닥터 밴, 앰뷸런스 지원이었고, 의료진 파견과 라오스 의료기술을 높이는 선진의술 참여 기회 등이었다. 그만큼 전체적인 의료 인프라가 열악한 것으로 나타났다. 라오스를 방문하는 한국인이 늘어나면서 우호협력의 필요성 또한 공감을 얻었다. 직접 라오스를 찾아 눈으로 보고 설명을 들으니 심각성을 체감할 수 있었다. 경남도의회에서 도울 수 있는 방안을 찾고 역할이 있다면 최선을 다해야겠다는 사명감을 갖게 되었다.

이제 귀국길이다. 루앙프라방 역에서 오후 1시 53분 비엔티안행 기차에 올랐다. 맑은 날씨에 기차가 미끄러지듯 달렸다. 승객을 위한 안내를 들으며, 중간 기착지인 방비엥 역을 거쳐 두 시간 만에 목적지인 비엔티안 역에 닿을 수 있었다. 라오스의 수도 비엔티안은 젊은이들로 활력이 넘쳐흘렀다.

라오스와의 우호협력관계 개척

◇◇◇◇◇◇

라오스는 동남아시아 개발도상국이며 신흥국이다. 자원의 보고이기도 하다. 비엔티안 주정부에서 주지사 접견과 주의회의장 및 의원들과 간담회를 통해 느낀 점이 참으로 많았다. 아직 산업이 발달하지 않은 농업국이면서 어떻게 해서든지 주민들을 위해 일하려는 자세가 열정적이었다.

동남아시아 국가들 대부분 경제 활성화를 위해 투자자를 애타게 찾고 있다. 동남아시아에 대한 관심이 필요하고, 우호협력관계 개선책이 모색되어야 한다. 라오스는 우리나라 1960년대 보릿고개

넘던 시절을 보는 듯했다. 당시 우리 부모세대가 겪었던 일들이 주마등처럼 겹쳐졌다. 특히 1970년대 새마을운동과 같은 의식계몽 정신이 경제의식을 한 단계 끌어올린 것처럼 '한강의 기적'을 배우려는 역동성도 엿보였다. 새마을운동은 우리도 한번 잘살아 보자는 것이었다. 우리 부모 세대가 산업화를 위한 국가 정책에 동조하며 허리띠를 졸라 맷던 시대와 흡사하였다.

라오스는 호텔마다 삼성, LG 전자제품을 사용하고, 거리엔 현대, 기아차가 즐비하여 대한민국의 경제력을 실감했다. 다시 가보고픈 라오스를 뒤로 하고 현실적 어려움을 지원하기 위한 사회복지 및 경제협력 지원을 다짐하게 되었다.

비엔티안 주정부와 주정부의회에서 경상남도와 경상남도의회와의 우호교류에 대해 긍정적인 반응을 보였다. 상호간 공동 발전 방안을 모색하기 위한 우호협력 관계 추진에 적극적인 검토가 필요하다. 라오스는 공산주의 체제지만, 시장경제를 적극 도입하고 있으며, 과거에는 북한과 친교관계를 유지하며 교류가 많았으나 지금은 대한민국과의 교류가 증가하는 추세로서 이에 대한 선제적 대비로서 추진함이 옳은 일이다. 중국, 베트남이 라오스에 대한 SOC 투자를 늘려가며 이에 대한 지배권을 강화하는 방안도 미래 자원개발을 위해 고민해야 할 부분이다.

라오스 각 도시의 의료기관 및 대학을 방문하면서 각종 물품지원 요청을 받게 되었다. 라오스는 선진국의 원조가 절실한 나라로서, 이번에 방문한 병원 및 의료당국만 하더라도 앰뷸런스, 의료 장비 등 각종 설비가 부족하거나 노후화되어 의료서비스의 질이 매우 낮은 상황이었다. 행정기관조차 PC, 프린터, 노트북 등 기본적인 업무 수행에 필수적인 물품이 부족하다고 호소하였다. 경상남도 및 경남도의회 차원에서 불용 처리하는 물품 중 라오스에서 사용 가능한 물품을 선별하여 지원하는 방안이 강구되었으면 한다.

2

새로운 물결 스마트시티

먼 나라 이야기가 아니다. 우리가 살아가고 있는 세상의 다른 면을 보는 것은 언제나 새롭다. 새로운 물결이 다가오고 있다. 우리가 마주쳐야 할 미래는 늘 희망이 있다. 가까운 일본 동경은 스마트시티를 꿈꾸고 있다. 우리나라 도시들 또한 마찬가지다. 우리보다 앞선 경험치를 찾으려는 것은 더 나은 정책으로 꿈을 현실로 만드는 일이다. '새로운 물결 스마트시티'는 경남도의회 건설소방위원회가 다녀온 동경의 이야기다.

경상남도 도시정책의 미래는 밝게 느껴진다. 경남 도내 시·군과 협력을 통해 발 빠르게 움직이고 있다. 우리는 지금 저출산 고령화로 인한 도전의 시기를 맞이하고 있다. 4차 산업혁명 시대 새로운 물결을 넘어 격동이 예상된다. 스마트시티는 멀지 않았다.

여기에 실린 기록들은 필자가 일본 동경에서 2022년 12월 19일부터 12월 23일까지 4박 5일간의 국외 공무 연수 과정에서 경험했던 내용임을 밝힌다.

어느 시인이 노래했다. "그리운 것일수록 간격을 두면 넘치지 않는다."라고. 인간은 망각의 동물이라고 하지 않는가! 모든 걸 기억할 순 없는 일이다. 우리가 경험했던 단편의 일상들은 기억 속에서 사라지게 된다. 세상의 이치가 그런 것이다. 가장 자연스러운 현상임이 틀림없다. 철길 아래 깔아놓은 침목이 그렇다. 침목과 침목을 붙여두지 않고 띄워놓는 것은 이유가 있다. 시인이 노래한 것처럼 간격을 두면 넘치지 않는다는 진리다. 미래 희망도 그런 것이다. 넘치지 않아야 희망이 샘솟는다. 새로운 물결을 꿈꾸며 살아가는 모든 이들에겐 희망이 넘치지 않는 법이다.

2022년 12월, 경상남도의회 마지막 회기를 마치고 미래 성장 동력인 스마트시티 선진지 견학에 나섰다. 우리보다 앞선 동경의 스마트시티의 실체를 파악해 보고 싶었다. 정보통신을 활용한 스마트환경은 이미 우리의 생활 속에 익숙해졌다. 다만, 스마트환경을 갖추기까지 도시문제에 접근하게 되었는지 알고 싶었다. 문제가 있으면 반드시 해결책도 있는 법이다. 일본은 가까운 이웃 나라다. 도시정책의 주요 과제로 추진하고 있는 경상남도의 스마트시티를 한 단계 끌어올리려는 방안을 구상하고 있던 시기와 맞물렸다. 경남도의회 건설 소방위원회가 많은 망설임 끝에 일본의 스마트시티를 벤치마킹하기로 의견을 모은 것은 우연이 아니다.

지방자치의 궁극적인 목적은 주민의 삶의 질을 높이려는 것이다. 최근 주목을 받는 스마트시티는 주민들의 삶의 질과 연동되어 있다. 4차 산업혁명 시대를 살아가고 있는 우리에게 스마트시티는 미래를 향한 경쟁력이다. 즉 자원, 인프라, 에너지 부족과 교통 혼잡 등의 각종 도시문제를 ICT를 활용하여 해결하는 도구인 셈이다.

경상남도는 스마트시티 공모 대비 도내 시·군 및 전문가로 구성된 실무 TFT를 운영해 오고 있다. 국비 지원을 받기 위한 사업제안과 자문활동으로 경쟁력 있는 아이템을 발굴하기 위해서다. 실무 TFT 구성을 보면, 경상남도 도시주택 국장이 총괄하고 도시계획과장이 실무책임자다. 또한 18개 시·군의 담당국장이 실무 수행 전문가로 참여하고, 경남연구원, 지역대학, 경남테크노파크, 국가시범도시계획단, 한국교통연구원 등으로 조직하였다.

경남형 스마트시티 전략계획 수립에 따른 시·군별 교통, 환경, 방범, 에너지 등 각종 도시문제 현황을 분석하여 지역특화 및 테마형 스마트시티 사업발굴이 한창이다. 전국적으로 스마트시티 도시화를 급격히 추진하는 배경에는 스마트산업의 팽창이다. 오늘날 ICT를 활용한 도시경쟁력 창출은 미래 성장의 교두보 역할을 하기에 기술의 선점이 무엇보다 중요하다.

이번 선진지 견학을 통해 일본의 스마트시티 추진 성과를 찾아 경상남도 도시정책에 빅데이터 기반의 스마트시티 추진 방향을 적극적으로 모색해 볼 계획이다.

스마트시티 역사는 짧지만 지속가능이 답이다

◇◇◇◇◇◇

치바현 카시와노하 스마트시티 역사는 짧다. 동경 인근에 있어 최근 주목받고 있는 도시다. 카시와노하 사례는 일본 각 도시도 벤치마킹하는 유명세를 탔다. 교통망의 발달로 도시와 도시를 연결하는 속도가 빠르게 진척됐다. 정보통신기술(ICT)이 많은 변화를 일으키고 있다. 이러한 변화를 이끈 카시와노하는 일명 신도시다. 우리가 카시와노하를 지목하여 방문하게 된 이유도 그렇다. 카시와노하 스마트시티 추진과정을 듣고 저절로 고개가 끄덕거려졌다. 백기석 컨설턴트는 일본 5대 부동산 재벌에 속하는 미쯔이그룹 소속이었다. 한국인이 일본의 대기업 샐러리맨으로 근무한다는 데 적잖이 놀랐다. 백 컨설턴트는 우리에게 스마트시티 추진과정과 성과 등 다양한 지식과 정보를 전수해 주었다.

지금부터 10년 전, 카시와노하는 인구 1,000명에 불과한 작은 마을이었다. 지금은 10배가 넘게 인구가 불어나 11,000명이 거주하는 신도시로 발돋움하였다. 2030년에는 26,000명의 정주 인구를 꿈꾸고 있다. 카시와노하는 주민들이 함께 참여하는 도시개발을 추진하였고, 공간 활용에 대한 거버넌스를 통해 도시발전을 꾀하고 있었다.

그보다 앞서 치바현은 2003년에 카시와·나가레야마 지방 국제학술연구 도시 개발 프로젝트를 개시했다. 2008년 3월에는 지바현,

카시와시, 동경대학, 치바대학이 카시와노하 국제캠퍼스타운 구상을 확정했다. 국제학술연구도시와 차세대 공공·민간·학술 파트너십의 환경도시를 실현하는 것을 목표로 정했다. 동경역 기준으로 약 30km 떨어진 카시와는 철도를 개통하면서 당시 미쯔이그룹이 보유하고 있던 골프장을 신도심으로 개발하게 되었다. 첫 출발은 2005년 골프장이 철도역으로 변모하였고, 역세권을 중심으로 점차 대형 건축물들이 들어서면서 개발이 본격화되었다.

우리가 처음 들어선 장소가 카시와노하 도시디자인센터(UDC ; Urban Design Center)였다. UDC는 공공, 민간, 학계의 협력을 통해 카시와노하에서 도시의 미래를 구상하는 커뮤니티 개발센터다. 즉, 스마트시티를 주도하는 앵커시설이라고 보면 된다. UDC는 2006

년 11월에 설립된 최초의 도시디자인센터로써, 기타자와 타케루 당시 동경대학교 교수가 제안했다. UDC는 도시개발계획 및 조정의 일부를 행정으로부터 독립한 거점으로서 도시개발을 추진하는 기구로 발전했다.

UDC의 활동은 치바현 카시와시 북부 츠쿠바 익스프레스 라인 주변, 카시와노하 캠퍼스 주변, 카시와다나카 주변을 망라하고 있다. 이 분야에는 동경대학교 카시와 캠퍼스, 치바대학교 카시와노하 캠퍼스 등 주요 연구기관이 참여했다. 카시와노하현립공원, 곤부쿠로 연못자연박물관공원 등 녹지공간도 풍부하다. 동경대학교와 치바대학교 캠퍼스가 유치되면서 청년들이 정주하는 여건도 빠르게 조성되었다. 그러나 본래 카시와 부지는 미군 통신기지가 있었던 곳이었다. 이곳을 정부에서 이관받아 맨션(고층아파트)과 대규모 상업시설로 민간기업이 단계별로 개발하게 되면서 도시의 모습이 확연하게 변모한 것이다.

카시와 주민들이 2007년 743명에서 2022년 11,000명이 넘는 정주 인구 도시로 성장시켰다. 이렇게 짧은 기간에 폭발적인 인구증가와 도시의 변화를 민간기업이 주도해 만든 것이다. 미쯔이그룹은 계획적으로 분양아파트 이외에 임대아파트를 지었다. 젊은 청년층을 유입하기 위해서였다. 그리고 도시개발을 한꺼번에 서두르지 않고 서서히 진행하였다. 그 이유는 교육정책인 학교와 연관된 일이다. 초등학교 학생의 교육여건을 점진적으로 마련하여 장기적 계획을 갖추어 추진한 것이 놀라웠다.

UDC 활동을 슬라이드를 통해 들으며 잠시 생각해 보았다. 우리가 사는 마을에서 무엇을 기대하면 좋을까 궁금했다. 미래 도시는 누구나 걱정 없이 살아갈 수 있는 편리한 환경을 필요로 한다. 어떤 사람들은 즐기고 싶고, 어떤 사람들은 서로 만나 교류하고 싶고, 어떤 사람들은 새로운 사업 기회를 찾고 있다. 또한, 사회적 관점에서도 환경의 영향을 저감하여 초고령사회의 대처, 산업의 육성, 지역경제의 활성화를 도모하고 싶을 것이다. 이러한 문제들이 점점 더 다양하고 복잡해지기 때문이다.

카시와 스마트시티 이야기를 들으며 옛날 우리의 전통마을이 떠올랐다. 먼 친척보다 가까운 이웃이 가깝다는 말처럼 예전의 마을은 하나의 공동체였다. 마을 주민들은 무엇이든 함께 모여 의논하였다. 개발도상국가에서 우리나라 경제부흥기 의식계몽이 일었던 새마을운동 또한 공동체 의식에서 비롯된 것이었다. 정보통신기술이 우리보다 앞선 서구나 유럽의 발전과정도 이와 무관치 않다.

UDC는 주민협의체이고 공동체적인 성격이 다분하다. 민·관·학 협력을 바탕으로 도시개발을 주민들과 함께 이루어나가고 있었다. 미쯔이그룹도 마찬가지다. 민간, 공공 및 학술 파트너십에 대한 대규모 협업은 도시개발의 주체가 정부가 아닌 민간이라는 점이다. 민간, 공공 및 학술 부문 구성원의 역할은 각각 유기적으로 연관되어 있었다. 민간부문에서는 시민, 경제활동 관련 기업 등 지역사회의 활력과 매력을 높인다. 공공부문에서는 행정(정부), 비영리단체

(NPO) 등 지역사회에 공공서비스를 제공한다. 학술 부문에서는 대학, 전문가 등 교육 및 연구기관 전문지식과 기술을 기반으로 전문적인 활동을 수행했다.

이렇듯 미래 도시개발의 열쇠는 민간부문, 공공부문, 학술 부문과의 협업, 즉 대규모 통합과 결합의 구조이다. 그것을 촉진하기 위해서는 적절한 시스템과 발판이 필요하다. 즉 UDC는 지역사회에 의해 시작된 공공, 민간 및 학술 부문과의 대규모 협업을 실천하고 마을을 조성하기 위한 거점조직이라 할 수 있다. 이러한 협업을 바탕으로 지역사회가 주도하는 새로운 물결 스마트시티 지역을 조성하는 발판이 된 것이다.

환경공생, 건강증진, 신사업 창조 3대 목적

◇◇◇◇◇◇◇

카시와노하 프로젝트의 3대 목적은 환경공생, 건강증진, 신사업 창조다. 이를 과제 삼아 미래의 스마트시티를 추진해 나가고 있다. 그런 측면에서 에너지정보관리(AEMS)를 중요시했다. 전력뿐만 아니라 상수도와 도시가스 등 도시 안의 에너지 공급 상황을 시각화하였다. 일본 최초로 도시구획을 넘나드는 전력을 융통하고 있다. 여기에는 보이지 않는 많은 장점이 있다.

카시와노하 AEMS는 지역 일대에 분산된 사무, 상업, 주거 등 각 시설과 태양광 발전기나 축전지 같은 친환경 전력시설을 자영 전력선과 네트워크로 연결하여 수돗물이나 도시가스 등 지역 에너지까지 통합하여 관리할 수 있다고 한다. 또한 스마트센터가 수집·가공한 데이터를 바탕으로 주민과 세입자 전용 태블릿 단말기를 통해 언제라도 전체 또는 개개인의 에너지 소비량과 에너지 절약지표를 확인할 수 있다고 했다. 자연스럽게 일상생활이나 사무업무를 하면서 에너지 절전을 하도록 유도하는 것이다.

결국 카시와노하 스마트시티는 세 가지 목적을 중점적으로 추진하는데, 우리가 배울 점이 상당하고 설명을 들으며 공감하는 바가 컸다.

첫째, 환경공생이다. 에너지의 관리통제, 에너지 절감, 자연재해 발생 시 비상용 발전기를 활용하여 에너지를 공급하게 되는데, 이런 시스템은 일본에서 2014년 민간이 처음 만든 것이다.

둘째, 건강증진이다. 주민들의 평생건강을 책임지는 스마트헬스 프로젝트가 진행 중이다. 통신 기능이 있는 손목시계형 디지털 건강기기를 활용하여 건강 상태를 실시간 검사할 수 있다. 기록된 건강 데이터는 스마트시티 내 건강센터로 전송돼 24시간 관리된다. 지방자치단체와 예방의학센터에 데이터가 제공되기 때문에 지방자치단체의 보건행정 효율을 높일 뿐만 아니라 행정의료 비용도 절감할 수 있게 된다.

셋째, 신사업 창조다. 스마트시티 프로젝트는 지자체를 비롯하여 민간기업과 대학, 연구기관 등 거버넌스 체계를 갖추어 함께 참여하고 있다. 특히 미쯔이 그룹, 닛켄세케이, 히타치 등 민간기업의 역할이 컸다. 이들 기업은 공공행정과 상호 연계되어 스마트시티를 주도해 나가고 있는 주체다. 스마트환경을 조성하며 신사업이 경쟁력을 갖추며 주목받고 있다.

카시와노하 스마트시티 추진정책과 성과 측면의 설명을 들으면서 어디서부터 접점을 찾아야 할지 복잡하게 느껴졌다. 지방자치제도 운영이 우리나라에 비해 역사가 깊은 일본과의 차이점일 것이다. 경상남도 공공행정에서 도시정책을 수립하고 시행하는 과정에 민간기업의 참여는 힘들다. 민간기업이 주체가 되더라도 추진과정에 많은 제약요인이 뒤따르게 된다. 지역대학을 중심으로 학계와 전문가의 참여는 가능하겠지만, 이들의 목소리가 제대로 반영될지

의문이 앞선다. 카시와노하는 그런 면에서 법과 제도에서 자유로움이 엿보였다. 우리의 공공행정도 과감히 거버넌스를 도입해야 하고 도시정책의 변화도 필요하다, 특히 스마트시티를 지향하는 정책에서만큼 탈바꿈해야 옳다.

행정의 정책적 한계도 극복해야 하고 민간기업과 학계와의 협력적 거버넌스의 중요성이 더욱 다가온 순간이다. 우리 일행이 간담회를 갖고 있는 중에도 지역주민들이 UDC를 방문하여 의견을 개진하는 등 주민과의 소통이 원활하다는 것을 직접 체감할 수 있었다.

하루의 일정을 마치고 호텔을 향한 길목이 퇴근 차량이 한꺼번에 쏟아져 나온 듯 거북이 운행이다. 거의 매일 출퇴근 시간에 벌어지는 상습 교통침체 구간이라고 한다. 그렇지만 카시와노하 스마트시티를 알게 되어 마음만은 가뿐하다. 급격히 이루어진 신도시 추진에도 도시문제를 미래지향적으로 하나씩 준비해나가는 모습은 분명 배울 점이다. 도시민의 삶의 질을 높이는 부분이 가장 따뜻해 보였다. 동경의 겨울은 오후 5시인데 벌써 캄캄한 밤이다. 차창을 내다보니 멀리 보이는 후지산이 일본의 상징물인 양 반듯하고 늠름하게 서 있다.

안전을 생명처럼 동경소방청

◇◇◇◇◇◇◇

새벽 5시 30분 알람이 요란하게 울린다. 창문을 여니 전철 소리로 요란했다. 철길 옆에 호텔이 있었는지 모를 정도로 방음이 완벽했다. 동경에서 맞이한 아침이 상쾌하다. 조식은 호텔 로비에서 간단히 해결했다. 오늘 일과를 시작하기 위해 버스에 오르려는 찰나 누군가 불쑥 명함을 내민다. 동경에 아는 분이 없는데, 명함을 살펴보니 경상남도 동경지사장이다. 연수 마지막 날 동경사무소 방문일정이 계획되어 있었다. 한국의 지방자치단체가 해외사무소를 두고 운영하는 이유는 여러 가지다. 그중 가장 큰 부분이 해외에 체류하고 있는 경남도민을 챙기는 일이다. 해외에서 각종 비즈니스가 이루어지고, 도내 시·군에서 공무출장 시 어려움들을 해결해 주는 역할도 필요하다. 국경 없는 무한경쟁시대 해외에서 행정의 역할이 더욱 소중해 보였다.

동경소방청 본부청사는 명성에 비해 건물이 웅장하지 않았다. 외관은 조금 낡아 보였고, 동경소방을 총괄 지휘하는 기관의 건물처럼 느껴지지 않았다. 소방은 국민의 생명과 재산을 지키는 최후의 보루다.

미리 마시다 소방사령(총무과 계장)이 건물 외곽까지 마중 나와 본부청사로 안내했다. 청사 입구에 들어서자 안내판에 '경남도의회

의원 방문을 환영합니다.'라는 펫말이 보였다. 특히 대한민국 상징인 태극기를 함께 부착하여 정감이 더해졌다. 본부청사에 들어서자마자 방문객 스스로 자연스럽게 기념 촬영에 임할 수 있도록 배치되어 있었다. 이러한 작은 배려가 큰 감동을 주게 된다.

이시카와 소방사감(총무부장)이 우리 일행의 방문을 환영했다. 소방사감은 환영사에서 "경상남도 건설소방위원회 의원님의 동경소방청 방문을 환영합니다. 경상남도 넓은 지역을 관할하는 경남소방본부의 역할이 매우 클 것 같습니다. 짧은 시간이지만 방문 교류를 통해 서로에게 도움이 되었으면 하는 바람입니다."

동경소방청 직원 수는 18,600명이다. 세계에서 가장 큰 소방 조직이라 한다. 동경 도민이 1,400만 명이니 직원 수 또한 많을 수밖에 없을 것이다. 동경소방청 산하에 10개 방면 본부를 두고, 81개의 지역소방서가 조직되어 있다. 소방차 2,745대가 말해 주듯 소방장비 규모가 어마어마했다. 동경소방청에서 주로 대응하는 재난들은 다양하다. 주로 화재와 구급, 재해, 방재 등에 대처하고 있다.

안전추진부는 2022년 4월 신설된 부서다. 당시 소방헬기 사고를 계기로 안전예방 업무를 중점적으로 추진하기 위한 조치였다고 한다. 화재와 재난의 예방관리에 역점을 둔 것은 사건·사고 발생을 줄이는 주요 요인이다. 119 신고시스템은 접수를 상황실에서 한다. 다만 동경소방청 종합상황실 시스템이 중단되어도 업무를 수행할 수 있도록 유사시 대응체계가 갖추어져 있었다. 경상남도의 경우 119종합상황실 시스템 중단 시, 김해동부소방서, 진주소방서, 함안

소방서, 통영소방서 등 4개 권역에서 백업 역할을 수행하도록 되어 있다. 동경소방청과 마찬가지로 구급출동 신고 발생 시 신고자의 질병, 외상, 증상, 사고지역 등 제반 사항을 확인하여 대처하며, 현장에서 가까운 응급의료기관과 연결하여 신속히 대응하고 있다.

동경소방청 119종합상황실에 들렀다. 소방관들은 언제 일어날지 모르는 재난 대비를 위해 긴장감이 느껴졌다. TV 방송 모니터를 활용하며 쉼 없이 울려대는 응급상황에 대처하고 있었다. 책상 상단의 신호기에 적색, 녹색 등으로 구분되어 수신자의 상황을 공유하면서 협업하고 있다. 적색등은 화재를 의미하고, 녹색등은 구조요청 신호다.

경남소방본부도 흰색, 적색, 청색, 녹색 신호를 구분하여 소방관들이 상황을 공유하며 대처한다. 특히 적색의 경우 화재로서 더욱

민첩하게 대응하고 있다. 재난사고는 골든타임이 있다. 생명을 살리는 시간과의 싸움이 골든타임이다. 생명의 소중함은 두말할 나위가 없다. 재난 현장에서 촌각을 다투는 골든타임이 그만큼 중요한 것이다. 동경소방청 119상황실을 통해 긴급출동 건수는 1일 평균 2,400건에 달한다고 한다. 이에 비해 동경소방청 인력의 23.4%에 불과한 경남소방본부의 1일 평균 출동이 1,844건으로 비슷한 수준이다. 물론 단순 비교 대상이 될 수 없지만, 긴급출동이 많은 건 사실이다. 오히려 경남소방본부의 소방 인력 대비 출동 건수가 훨씬 높다는 것을 알 수 있었다.

동경소방청에서 주로 대응하는 재난 유형은 과거에는 화재나 지진이었고, 최근에는 코로나19 환자 이송이 많다고 한다. 인력과 장비 배치 등 운영체계는 관내 소방서에 최신 화재진압총을 장착한 소방 차량을 계획적으로 배치하였고, 각종 재난에 대비하기 위해 24시간 체제로 근무가 이루어지고 있다.

마지막으로 소방관이 방호복 착용 시범을 선보였다. 국민의 생명을 살리는 방호복 착용은 촌각을 다투는 일이다. 소방관이 화재진압을 위해 착용해야 할 장구들이 많기도 했지만, 빠르게 착용하는 모습을 지켜본 후 환호와 박수를 보냈다. 얼마나 빠르게 착용하는지 감탄했다. 평소 철저한 훈련의 결과라고 생각되었다. 소방관은 국민의 생명과 재산을 지켜내는 최후의 보루다. 소방 최대조직인 동경소방청을 방문하여 두 시간 동안 일본의 소방행정을 살펴보는 귀한 경험을 하였다. 소방행정을 일본과 한국의 비교로 속단할 수는 없다. 그러나 소방행정에 쏟는 애정은 다르지 않을 것이라 믿는다.

쇠락한 도시의 활력소 롯폰기 힐즈

◇◇◇◇◇◇

동경 시내를 관망하는 롯폰기 힐즈(Roppongi Hills) 52층 전망대에 올랐다. 탁 트인 도시의 모습을 한눈에 내려다 볼 수 있었다. 롯폰기 힐즈는 어떻게 동경의 랜드마크가 될 수 있었을까 궁금증이 앞섰다. 쇠락한 도시에 다시 활력을 불어넣는 도시재생 프로젝트의 성공사례를 풀어놓아 보자.

롯폰기 힐즈는 낙후된 도심지역이 동경의 랜드마크로 탈바꿈한 대표적인 도시재생의 성공사례다. 그 변천 과정을 이끈 주역이 일본의 대형부동산 개발업체인 모리빌딩이다. 일본의 3대 개발사업자(Developer)로 꼽히는 모리빌딩은 미츠이와 미츠비시와 함께 미다스의 손이다. 오랜 세월 쇠퇴한 도심지역을 황금알을 낳는 거위로 바꿔 놓는 수완을 발휘했다. 우리에게 낯설지 않은 도시재생 사업을 성공적으로 주도했다는 평가를 받는다. 우리나라 역시 빠른 도시화 이후 쇠락해진 구도심의 재생 수요가 커지고 있다. 그러나 많은 도시재생 프로젝트가 길을 잃은 채 난항을 거듭하고 있다. 일본과 우리나라 도시재생의 다른 점이 무엇인지 고민해 봐야 한다.

일본의 개발사업자는 변화의 원동력이다. 기획과 설계, 시공, 마케팅, 관리운영 등 전 과정에 걸쳐 부동산개발을 행하는 주체다. 한마디로 종합적인 기획력을 갖고 부동산에 새로운 가치를 창출해야 한다. 그러나 요체는 도시개발 패러다임의 변화다. 신도시와 같이 더 이상 양적인 공급 우선 방식이 통하지 않는다. 사람들은 내가 살고 싶은 곳, 내가 일하고 싶은 곳, 쇼핑하고 싶은 곳을 선호한다. 무엇이든 사람이 중심에 서 있다. 공급자가 아닌 수요자 관점에서 도시재생을 바라봐야 하는 것이다.

일본의 도시재생 기본 틀은 개개인이 갖고 있는 욕구를 정확히 파악하는 것부터 시작한다. 개인의 삶을 소중히 여기는 시대의 키워드는 도시재생에도 그대로 적용된다. 흔히 사람과 상품, 돈과 정보는 언제나 함께 움직인다고 한다. 사람들이 도시의 자력(磁力)에 이끌려서 모이고, 그 집적된 에너지가 용 솟아올라 다시 사람을 끌어들이는 선순환 구조를 만든다. 이것이 롯폰기 힐즈를 탄생시킨 모리빌딩의 철학이다. 도시평가의 총체적인 기반하에 명확한 목표를 세웠고, 이를 실현하는 과정에서 속도에 집착하지 않았기 때문에 모리빌딩은 성과를 거둘 수 있었다고 평가한다.

우리나라는 개발사업자에 대해 좋지 않게 평가하는 측면이 있다. 흔히 획일적인 도시개발과 분양을 통한 즉각적인 이익환수에 집착한다는 부정적 이미지를 떠올린다. 그러나 개발사업자로서 모리빌딩은 이와 달랐다. 민·관 협력 거버넌스를 통해 서두르지 않고 17년에 걸쳐 환경의 변화를 주도해냈다.

우리와 다른 점은 도시개발 후 운영의 역할에서도 발견된다. 모리빌딩은 롯폰기 힐즈를 건설한 뒤에도 생활잡지 간행과 도시육성 프로그램 등을 통해 브랜드 관리를 지속적으로 시행했다. 힐즈(Hills) 브랜드는 각각 추구하는 콘셉트를 명확히 하는 특징을 갖는다. 롯폰기 힐즈는 문화 콘셉트, 아크 힐즈는 생활 콘셉트, 토라노몬 힐즈는 비즈니스 콘셉트를 주요 지향점으로 삼았다. 이와 같은 브랜드 가치 창출은 곧 사람들이 모이는 기반이 되었다. 당연히 수익 창출과 연결되는 성과로 나타났다. 롯폰기 힐즈 방문객은 2003년 이후 15년간 매년 4천만 명 이상, 모두 6억 명에 이른다니 놀랍다. 우리 일행이 방문했던 오후 시간도 많은 인파로 붐볐다.

일본 도시재생의 중점 포인트는 우리에게 시사해 주는 바가 크다. 도시재생의 바탕을 이루는 중심축이 되는 자원의 콘텐츠 발견과 이를 추출해내는 일이다. 의욕 있는 인재 육성과 지원체제를 구축하고, 직주근접(直走近接)의 콤팩트시티화와 효율적인 관리가 중요하다. 또한 정보통신기술(ICT), 인공지능 로봇 등 스마트환경이 절대적이었다. 일본은 동경과 지방도시를 연계하는 체계적인 홍보활동도 병행했다.

도시재생사업에 있어 우리에게 가장 부족한 면은 위기의식에 대한 공감대가 있어야 한다는 점이다. 우리나라 도시재생에 있어선 출발점에서 문제의식과 추진 절차에 대한 공유가 제대로 이뤄지지 않는다. 무엇을 향해 어디로 가야 하는가에 대한 공감대가 먼저 이루어져야 한다. 우리가 10여 년 넘게 공회전하는 건 시간과 평가에 대한 조급함 때문일 수 있다. 모리빌딩의 롯폰기 힐즈 사례가 말해주고 있다. 장기적 관점에서 종합적인 목표에 대해 진지하게 고민할 필요가 있다.

민관협의체가 주체가 되어 하나의 테이블에 앉아 지역에 대한 공통의 주제를 놓고 깊이 있는 논의를 진행해야 한다. 이를 통해 성공적인 도시재생의 성과를 선도적으로 끌어내야 한다. 거버넌스는 상호 신뢰를 바탕으로 이루어지는 것이다. 현재 우리나라 도시재생은 정부의 예산지원에 의존하여 추진하는 경향이 강하다. 필요에 의한 사업의 전환 시 국토부의 승인을 반드시 거쳐야 한다. 그러다 보니 시기를 놓치는 경우가 발생하고 추진동력의 상실로 어려움에 부닥치기도 한다. 정부의 재원 의존도가 높다 보니 소규모 사업이 주류를 이루고 있다. 민간투자 방식은 엄두도 내지 못하는 실정이다. 도시재생의 성공적 추진을 위해 도심 슬럼화와 공동화 문제 해결을 위한 보다 적극적이고 새로운 감각의 도시개발 전략이 필요하다.

롯폰기 힐즈의 사례를 바탕으로 우리의 도시재생 사업 방식을 민간투자 활성화 및 인접 지역과의 조화를 통한 지역 상권 활성화로 바꾸어야 한다. 우리나라 지방자치단체의 과도한 국비 지원 의존으로부터 탈피할 것을 제안한다. 민간자본 및 지주(地主) 등의 적극 참여를 통해 투자 규모 확대와 함께 시너지 효과를 높이는 방안을 모색해야 할 시점이다.

2040년 완공 목표 다이마루유 스마트시티

◇◇◇◇◇◇◇

동경 중심부의 스마트시티는 매우 흥미로웠다. 동경도청 직원의 안내를 받아 동경상공회의소에 도착했다. 로비에 상공회의소 초대 회장을 역임한 분의 동상이 세워져 있었다. 1998년 제11대 회장이 취임 기념으로 초대 회장의 동상을 세웠다고 기록되어 있어 가슴이 뭉클했다.

동경도청에서 다이마루유 스마트시티 지구를 재정비하게 된 계기가 있었다. 1990년대 일본의 거품경제가 붕괴하고 도심 쇠퇴 현상이 나타나면서 민간기업이 주도하여 120ha 지구정비사업을 시행하였다. 민관이 합심하여 스마트시티를 구축한 사례로 평가받고 있다. 다이마루유 지구정비는 지속 가능한 도시정비를 위해 환경공생적인 도시디자인을 설계하였다. 특히 공공기관, 민간, 매니지먼트협회 전문가 등이 참여하는 폭넓은 추진협의회를 열었다. 이때 자주 논점의 대상이 된 것은 환경과 자연을 먼저 생각하는 도시개발로 쾌적한 공간을 만들자는 것이었다.

다이마루유 스마트시티는 2040년 완공을 목표로 하고 있다. 일상에서 도민들이 정보를 활용하여 실시간 분석하고 생활의 편리를 도모하는 것이다. 상상의 나래가 펼쳐지고 있다. 거주민의 삶의 질을 향상하는 일이 현실이 되는 것이다. 시뮬레이션 로봇을 활용하여 데이터를 만들어 내고, 로봇이 자동으로 주문받아서 음식을 제공하는 것과 자동 무인 로봇이 주문한 것을 고객에게 제공하고, 시속 6km 속도로 운행하는 무인 자동차, 로봇이 운전하는 버스가 상용화되고 있었다.

스마트시티를 둘러보면서 거주민의 쾌적한 환경제공을 위해 큰 노력을 기울였음을 알 수 있었다. 특히 재미를 맛볼 수 있는 자율주행로봇은 보행자의 시선을 사로잡기에 충분했다. 파나소닉 회사 제품으로 자유자재로 골목을 누비고 다녔다. 로봇은 차량과 동일하게 시청의 허가를 받아야 운행이 가능했다. 물론 차량과 같이 번호판도 부착되어 있었다. 마침 성탄절 시기에 맞추어 캐럴을 울리며 움직였다. 그리고 수익도 창출하고 있었다. 간단한 핸드폰 액세서리를 판매했는데, 500엔 동전을 넣으니 원하는 물품이 나왔다. 로봇 스스로 이동판매점을 운영하며 돈을 벌고 있었다. 우리나라도 조만간 스마트시티 곳곳에서 이러한 로봇들이 등장할 것이 분명하다. 인공지능 로봇이 산업 현장에 적용된 것은 오래된 일이다. 마산로봇랜드가 등장하게 된 것도 시대적 흐름이다. 이제 로봇은 인간의 일상생활 어

느 곳이든 활용되고 있다. 스마트시티 환경에서 중요한 점은 또 있다. 아무리 로봇이 많아져도 인간이 중심이라는 정신이다.

문득 이세돌과 알파고 바둑대전이 생각났다. 알파고는 구글(Google)이 개발한 인공지능 바둑 프로그램이다. 세기의 대결은 많은 이들의 이목을 집중시켰다. 결과는 인공지능을 가진 알파고가 3:1로 이세돌 9단을 이겼다. 알파고는 빅데이터에 의한 인공지능 로봇과 같은 존재다. 인간과 로봇의 대결에서 누가 이기고 지는가에 초점이 맞춰져선 곤란하다. 인간의 편리를 도모하는 스마트시티가 통제처럼 느껴지면 더 이상 발전이 어려운 일이다.

아침 일찍부터 마루노우치 도심 상가 앞에 많은 사람이 줄지어 서 있었다. 매장 문도 열기 전, 질서정연하게 기다리는 모습이 자연스러웠다. 무슨 일이 있는지 궁금하여 알아보니 조말론(Jo Malone) 브랜드 향수를 구매하기 위한 행렬이란다. 나로서는 알지 못하는 영국산 중저가 제품이다. 그러나 최근 유명세를 타고 인기가 높다고 한다. 아침 이른 시간에 향수 한 병을 구매하기 위해 줄지어 선 행렬을 보면서 많은 생각이 오갔다. 아니 이런 건 로봇에게 맡길 수 없나? 하고 피식 웃었다. 그러나 향수가 한정되어 있으니 먼저 찾는 사람이 임자다. 선물은 정성이 가미되어야 더 값진 것이다. 마루노우치에서 향수를 구매했다는 자기만의 만족이 추억으로 간직될 것이다. 인간에게 편리를 제공해 주는 스마트시티 현장에서 기나긴 줄을 선 행렬이 부러워 보인 것은 나 혼자만의 생각은 아닐 것이다.

스마트시티 위용이 빛났다

◇◇◇◇◇◇

따스한 태양이 눈부시게 빛나는 타케시바에 도착했다. 이곳은 동경역과 시바역의 중간지점이다. 40층 높이의 타케시바 건물에는 3D카메라와 1,400개 CCTV가 설치되어 있다. 건물 내 모든 공간은 스마트센터에서 관리된다. 건물의 층마다 경비보안, 청소, 안내 등 필요한 로봇이 배치되어 있고, 화장실, 식당, 커피숍, 사무실은 물론 로비나 휴게실, 계단, 에스컬레이터, 엘리베이터 등 모든 시설이 첨단으로 관리되고 있다. 예전 사람의 손길로 이루어지던 일련의 일들이 ICT로 편리를 준 것이다.

타케시바는 40층 오피스타워와 18층 레지던스타워로 구성되어 국제 비즈니스 거점의 대규모 개발 프로젝트다. 민 · 관 공동으로 건축하여 다양하게 활용되고 있다. 우리 일행이 건물에 들어섰을 때 실시간 공간정보가 제공되고 있음을 알게 되었다. 건물의 위치마다 시설 현황을 한눈에 파악할 수 있었다. 식당의 메뉴와 좌석 유무 확인이 가능하고 예약도 할 수 있다. 화장실의 사용 여부도 로비에 있는 정보 창을 통해 알려주고 있어 편리했다. 또한 건물 내부의 온도, 습도는 물론 위험 상황에 대처할 수 있도록 비상구 통로까지 안내한다. 복도에 설치된 로봇은 사람 왕래가 뜸한 시간에 스스로 움직여 청소한다.

타케시바 스마트 빌딩은 리얼타임 정보를 필요로 하는 대상자에게 실시간으로 알려준다. 스마트 환경에서 지금, 현재, 바로, 당장 확인 가능한 건물의 모든 정보를 표출하여 고객의 욕구를 충족시켜 주는 것이다.

도요쓰 스마트시티는 정보통신기술과 도시 운영체계(OS)를 활용하여 다양한 시설과 개인이 공존하고 번영하는 복합용도의 미래도시를 실현하는 것을 목표로 하고 있다. 갑자기 도요쓰로 향하는 버스 안이 시끌벅적해졌다. 멀리 레인보우 브릿지가 반짝였다. 동경의 많은 교량 중 하나 정도인데 웬 소란일까 궁금해졌다. 그런데 가만히 보니 교량이 특이하게 이중구조였다. 이 교량은 동경만을 가로지르는 570m 현수교로 설계되었다. 하부는 전철이 지나가고 상부는 차량이 지나가는 교량이다. 한마디로 일석이조 아이디어로 멋지지 않을 수 없다. 일본 기술진이 상상해 낸 아이디어가 처음 추진 과정에서 어떤 어려움이 있었을 것인지 짐작됐다. 레인보우 브릿지의 명성은 일주일에 일곱 번 조명이 바뀌는 야경으로도 유명하다. 야경을 쫓아다니는 관광객들에겐 두말할 필요 없이 인기 코스가 될 듯하다.

도요쓰시장(Toyosu Market)은 바다 생선과 해산물이 즐비하다. 우리나라 부산의 자갈치시장의 정감이 이곳에서도 느껴졌다. 바다와 접해 있는 4층 규모의 시장 전체가 수산물로 풍부하다. 도요쓰시장 한 층 넓이가 1,700평이나 된다고 한다. 이곳 수산시장의 특징은 반값 이벤트 개최다. 당연히 수산시장의 활력소로 자리 잡았다. 매월 셋째 주 토요일 가격을 반값으로 저렴하게 제공하는 이벤트다. 이날은 지역민뿐만 아니라 전국에서 소매인들이 몰려오는 진풍경이 벌어진다. 도요쓰 스마트시티 구축 비용은 기본적인 도로, 항만 등은 정부와 지방자치단체에서 주도하고, 운영 프로그램 등 소프트웨어 측면은 민간에서 국비와 지방비를 지원받아 추진되었다.

동경만을 가로지르는 레인보우 브릿지 상부가 높아 아래쪽에 있는 오다이바 해변공원이 한눈에 들어왔다. 멀리서 바라보는 해수욕장이 햇빛에 반사되어 눈이 부셨다. 교량은 시다가와 맞은편 원형교차로를 지나 전철역과 연결되어 있었다. 교량을 지나면서 보았던 오다이바 해변공원 옆으로 후지TV 방송국과 아쿠아시티 쇼핑몰 건물로 향했다. 이 빌딩 뒤편에 자유의 여신상이 있었다. 뉴욕항 리버티섬에 있는 자유의 여신상 복제품으로 1/17배 축소된 크기였다. 그러나 예전에 허드슨강에서 봤던 자유의 여신상만큼이나 웅장했다. 오다이바 자유의 여신상이 치켜든 횃불이 활활 타오를 듯하다.

우리 일행은 이곳에서 에메랄더스 수상버스에 올랐다. 수상버스 모습이 우주선을 닮은 듯하다. 선내에서 외부로 볼 수 있도록 모든 창이 훤하다. 오다이바를 떠난 수상버스는 해안을 따라 아사쿠사까지 데려다주었다. 동경만에 설치된 여러 교량 밑을 지나고 빌딩 숲을 감상하던 찰나 도착해 있었다. 이곳 해상의 수상버스는 도심의 시내버스처럼 자연스러웠다.

대규모 프로젝트 미나토미라이 21지구

◇◇◇◇◇◇◇

겨울비가 새벽을 깨웠다. 일본 제2의 항구도시로 향하는 길목이 뿌연 안개처럼 보였다. 차창 너머로 보이는 바다가 출렁거리고 바람도 거세다.

우리 일행을 태운 버스가 요코하마시청에 오전 10시 무렵 도착했다. 시청 경비원이 대형버스를 주차하기 위해 분주히 움직였다. 시청 직원들은 버스에서 내리는 우리가 한 방울이라도 비를 맞지 않도록 배려해 주었다.

요코하마는 동경에서 약 30km 떨어진 곳에 있다. 시청 회의실은 비좁았다. 시청 직원들과 간단한 인사를 나누고 미나토미라이 21

지구 개발과정에 대한 설명을 들었다. 요코하마의 발전과정이 그대로 녹아있다는 느낌을 받았다. 요코하마 항구의 변천사를 사진으로 비교해 보니 장기적인 도시계획이 얼마나 중요한지 새삼 가슴에 닿았다.

1965년 도심부 강화사업, 가나자와지구 매립사업, 코호쿠 뉴타운 건설사업, 고속도로망 건설사업, 고속철도 건설사업, 베이브릿지 건설사업 등 6대 사업을 중점 추진하였다. 그중의 하나로 도심부 강화사업의 하나로 미나토미라이 21지구가 추진되었다. 요코하마의 특성을 가미하여 미나토(항구)와 미라이(미래)가 21세기 미래의 항구도시란 뜻이다. 1980년대 초부터 현재까지 도시계획에 의해 개발되고 있다. 여기에 민간기업의 참여는 큰 원동력이었다.

우리나라와 같이 많은 규제와 제약이 뒤따른다면 해내지 못했을 사업이었다. 대규모 투자를 일으키는 도시 기반은 광역교통망 확충이었다. 미나토미라이 21지구를 중심으로 철도와 도로, 항만이 갖춰져 가능했다. 그중에 가장 주목해야 할 기준은 주민들의 삶의 질을 높이는 일이었다. 요코하마는 미나토미라이 21지구 사업의 전체 조정과 매립사업, 항만 정비사업을 주도하였고, 정부는 공공시설의 건설을 시행했으며, 공단은 토지구획 정비를 담당했다. 민간기업은 업무시설이나 상업시설에 중점을 두었다. 제3섹터는 열 공급이나 철도 등 공공성이 높은 사업을 진행했다. 특히 도시개발의 저변에 민관협력이라는 협력체가 있었다. 이러한 거버넌스가 기반이 되어 미나토미라이 21지구가 성취감을 높인 것이다. 민관협력

체계로 공공단체 공기업과 민간기업이 상호 역할을 분담하였다. 기본시설 정비사업으로 공기업이 바다를 매립하고, 민간기업이 토지를 개발하는 방식이다. 여기에 환경 살리기는 매우 중요한 과제였다. 자연과 함께하는 도시디자인을 구축했고, 무분별한 난개발이 되지 않도록 추진한 것이다. 보행자를 우선하는 안전도로 설계와 아파트단지 내 인도를 정비하였다.

1988년 완성된 도시계획에 따라 기본 협정이 이루어졌다. 예전 조선소가 있던 부지가 매립되고 상업, 업무시설 중심의 신도시로 탈바꿈하게 되었다. 요코하마시에서 진출기업의 세금 경감을 위해 50억 엔이 조성되었다. 주요 기업 입주 및 외국기업 유치 투자를 크게 늘렸다. 수도관 직경을 크게 한 것은 재해 발생 시 대비책이었다. 특히 비상 상황이 발생했을 때를 대비하여 50만 명이 3일 동안 먹을 수 있는 식수를 확보해 놓았다. 미래 항구도시 구축을 위해 공동구를 정비하여 전선지중화를 실현했고, 도시경관 및 해변의 자연과 공존하려는 정책들이 도시재생 성공의 요체가 되고 있다.

경상남도 동경사무소의 활약상

◇◇◇◇◇◇◇

동경만이 훤히 내려다보였다. 잔잔한 물결에 빌딩 숲이 가득 찬 모습이다. 경상남도는 산업통상국 국제통상과에 국제관계 대사를 두고 있다. 동경사무소를 비롯하여 중국 산동사무소와 상해사무소를 두고 있고, 미국 LA사무소, 인도네시아 자카르타사무소, 베트남 호치민사무소를 운영하고 있다.

우리 일행이 동경사무소를 방문하게 된 것은 각종 국제교류활동 지원과 해외기업 유치 및 수출 관련 업무를 맡고 있는 직원들을 격

려하기 위해서였다. 그동안 한일 양국 관계의 악화 속에서 고군분투하며 경남도민회의 든든한 언덕 역할을 해 왔다. 또한 해외기업의 경남 투자유치와 동경국제수산박람회 등 각종 전시행사에 경남도내 기업을 대리하여 제품전시 지원도 도맡아 오기도 했다. 사천시에 안착할 우주항공청 개청과 함께 우주항공 분야 국제교류 추진을 비롯한 다양한 친선교류에 큰 몫을 해내는 중이다. 동경사무소는 민정은 소장과 현지 직원 등 3명이 근무하고 있었다.

동경사무소 입구에는 경남 도내 18개 시·군을 소개하는 팸플릿이 자리하고 있었고, 경상남도를 대표하는 특산품들이 빠짐없이 전시되어 있었다. 일본어로 포장되어 많은 인기를 끌고 있다고 하여 기분이 좋았다. 고향의 상품이 일본매장에서 진열되어 판매되고 있다는 사실에 많은 감명을 받았다. 거제시 특산품은 유자청이었다. 일본 동경에 와서 고향의 특산품이 전시되어 있으니 감회가 새로웠다. 적정한 태양 빛과 해풍을 이겨내고 수확한 거제 유자는 맛과 향이 뛰어나 유자차, 유자청은 물론 유자를 활용한 향수, 화장품, 빵, 막걸리 재료로 주목받고 있다. 거제 특산품 하면 유자를 떠올릴 만큼 무농약 친환경 재배로 더욱 명성을 얻고 있기도 하다. 거제 유자가 일본의 동경까지 진출하여 있기에 유자 생산 농가에 큰 힘이 되었으면 하는 마음이다.

하루 24시간이 부족한 동경사무소에서 추가로 해 주었으면 하는 바람은 고향사랑기부제도 안내였다. 일본에서 크게 성공한 지방재정 확충 정책은 2008년 도입된 고향납세제도였다. 고향을 떠난 인사들이 자기 고향에 기부하면 세금으로 보전해 주는 제도이다. 도입 초기에 비해 최근의 추세를 보면 지방재정에 기여하는 측면이 매우 높다. 개인뿐만 아니라 기업들도 기부하고 있어 활성화되었다. 우리나라 고향사랑기부제는 올해부터 도입되어 시행 중이다. 동경에 거주하고 있는 경남도민회에 고향사랑기부제 홍보를 통해 많은 향인이 경남의 각 시·군에 기부해 주고 세액공제 혜택을 받았으면 하는 바람이다.

일본은 가깝고도 먼 이웃이다. 현해탄을 사이에 두고 이웃하고 있지만, 역사적 갈등이 심화하여 있는 상황이 지속되고 있기도 하다. 우리나라 최대 무역국으로서의 경제통상과 정치 관계 측면에서 상충되어 있는 것이다. 세계 속의 경상남도 동경사무소가 숱한 어려움을 극복하고 경남도민의 바람을 잘 수용해 주는 첨병 역할을 다해 주길 바란다. 국경 없는 무한경쟁 속에서 경남의 장점을 잘 활용하여 경남인의 저력을 보여주었으면 한다.

스마트시티 여정과 향후 남은 과제

◇◇◇◇◇◇

나리타공항은 오고 가는 인파 물결로 붐볐다. 동경 4박 5일 여정을 통해 많은 걸 보고 느낄 수 있었다. 동경의 스마트시티 벤치마킹은 시의적절하게 잘 다녀왔다는 생각이다. 경남 도내 18개 시 · 군 전체적으로 스마트시티 붐이 일고 있다. 정부의 정책 또한 빠른 진척을 보인다. 한 푼의 예산이라도 더 받기 위해 애쓰고 있다. 이미 용역을 완료하여 다양한 방향의 스마트시티 예산이 투입되고 있기도 하다. 이러한 시기 스마트시티 중심의 연수를 다녀오게 되어 뿌듯한 마음이다.

해외연수 방향이 설정되고 사전 준비하던 시간이 떠올랐다. 스마트시티 정책을 살펴보고 관련 부서에 필요한 자료들을 요청하였다. 자료들을 빠짐없이 학습하며 중히 여겼던 부분이 있었다. 거제시 스마트도시계획(2022년~2026년) 보고서였다.

경상남도는 지난 2018년부터 스마트시티 공모사업에 도전하였다. 김해시 스마트타운 챌린지 예비사업이 채택되면서 4.5억 원의 예산을 지원받으며 본격화되었다.

이후 2019년 창원시(15억 원) 진북산단 에너지·환경 등 문제해결 마스터플랜 수립사업과 통영시(2.25억 원) 스마트타운 챌린지 예비사업이 채택되었고, 김해시 가야역사 문화자원을 활용한 체감형 관광도시 조성 마스터플랜 수립 스마트타운 챌린지 본 사업이 선정되어 40억 원의 예산으로 2020년 12월 사업을 완료하였다.

2020년에는 통영시 동호동, 중앙동 등 구 상권 문제해결 마스터플랜 본사업이 선정되어 40억 원의 사업비로 2021년 완료하였다. 사천시 관내 초등학교 5개소 운전자 및 보행자 안전 알리미 구축사업비 6억 원, 거제포로수용소 유적공원 IoT기기 연계한 공원 이용 통합시스템 구축비 6억 원을 배정받아 사업을 완료하였다. 김해시 골든루트산업단지 스마트물류, 스마트워크 등 마스터플랜 수립 스마트시티 챌린지 사업비 15억 원의 예산과 창원시 진해해양공원 시티투어 서비스, 홀로그램 전시 안내 등 마스터플랜 수립 예산 3억 원을 배정받았다.

2021년에는 진주시 스마트 버스정류장, 스마트폴, 자율항행드론 스마트솔루션 확산사업이 채택되어 37.5억 원, 밀양시 스마트 횡단보도, 스마트 버스정류장 스마트솔루션 확산사업 18.75억 원을 배정받았다.

2022년에는 창원시 지역거점 스마트시티 사업비 240억 원이 채택되어 진해 연구자유지역 및 인근 지역의 거점 스마트시티 조성과 교통, 환경, 에너지, 보건복지 스마트 서비스 구축을 통한 도시문제 해결 및 확산을 추진하고 있다. 김해시 스마트시티 혁신기술 발굴 사업에 영상기반 객체 인식 및 트래킹 기술을 활용한 스쿨존 내 안전한 어린이 통학시스템 구축비 10억 원, 밀양시 AI기반 어린이 안심 통학로 조성 서비스 구축비 10억 원의 예산이 확정되어 추진 중에 있다. 통영시는 스마트 공유주차, 스마트 버스쉘터, 스마트 횡단보도 중소도시 스마트시티 사업에 40억 원, 함안군은 스마트 모빌리티(자전거), 스마트가로등, 스마트 횡단보도, 스마트 주차장 사업비 40억 원을 배정받아 추진하고 있다.

미래 도시의 경쟁력은 주민 삶의 질 향상과 지속가능성 제고에 있다. 저출산 · 고령사회 급진전으로 지방 소멸 위기 극복의 원동력은 결국 주민의 삶에서 찾아야 한다. 도시에 정보통신기술(ICT), 인공지능(AI), 디지털트윈 등 혁신기술을 활용하여 각종 도시기반시설과 결합을 통한 도시문제를 해결하는 것이 스마트시티의 목표다.

스마트시티란 스마트도시법 제2조에 명확히 그려져 있다. 도시의 경쟁력과 주민 삶의 질 향상을 위해 건설 · 정보통신기술을 융 · 복합하여 건설된 도시기반시설을 바탕으로 다양한 도시서비스를 제공하는 지속 가능한 도시를 의미한다. 이처럼 4차 산업혁명 시대로의 전환은 도시개발 중심에서 도시운영으로 패러다임이 바뀌고 있다. 도시운영을 위한 스마트환경 조성은 이제 필수가 되었다. 아직 초보 단계에 머무르고 있는 경남 도내 18개 시 · 군의 스마트시티 정책은 시급한 과제가 되었다. 정보통신기술(ICT)에 대한 도민 수요 증대 및 변화에 대응하기 위한 전략이 필요하다. 아울러 도민이 직접 참여하고 체감할 수 있는 IoT, 실시간 서비스 등이 가능한 정보이용 환경이 절실한 시점이다. 가장 민감한 교통, 환경, 안전 등 도민들의 삶에 직접적인 영향을 미치는 도시문제를 해결하기 위한 정책이 스마트시티인 것이다.

동경의 지방자치단체가 추진하고 있는 스마트시티 구축의 핵심은 거버넌스 구축과 체계화였다. 공공과 민간 그리고 제3섹터라 할 수 있는 학계와 전문기관의 참여가 그것이다. 거버넌스를 통해 민·관이 손을 맞잡고 함께 숙의하여 정보교류를 심화시켜 추진해 가고 있었다. 가령 정부와 지방자치단체가 주도하여 추진해선 결코 성공할 수 없다는 것을 말해 준다. 스마트시티 벤치마킹을 하며 배운 가장 큰 수확이었다. 일본의 지방자치단체들이 거버넌스 바탕 위에 단계별 전략을 세워 추진하고 있는 것은 장점이고 배울 만했다. 우리나라 실정과 다른 스마트도시계획과 민간투자 방식은 추진하면서 얼마든지 개선할 수 있다는 생각이 들었다. 민간투자자는 지방자치단체와 신뢰를 바탕으로 장기간에 걸쳐 도시의 모습을 바꾸어 나가는 데 공감하는 방향으로 서두르지 말아야 한다.

우리나라 제5차 국토종합계획 실천계획과 제3차 스마트도시 종합계획, 제6차 국가정보화 기본계획 등 상위 계획의 내용을 토대로 지방자치단체별 구체적인 스마트시티 미래 모습을 그려 나가야 할 것이다.

해외연수 보고서

3

노인요양복지시설

-미리 보는 초고령사회-

우리나라는 세계 어느 국가보다 초고령사회로의 진입속도가 빠르다. 2025년 전 국민의 20%가 만65세 이상의 노인이 되는 초고령사회는 어떤 모습일까? 또 어떻게 준비하여 맞이해야 할까? 지방소멸 위험지수가 높아지고 있는 추세를 놓고 볼 때 우리에게 닥칠 미래는 어둡기만 하다. 그러나 위기는 곧 기회다. 우리보다 먼저 고령사회를 경험한 일본의 노인복지정책 선진 사례를 통해 위기에 대비해야 한다.

이 보고서는 2018년 거제시의회 행정복지위원회가 이웃 일본의 선진 노인요양복지시설을 다녀온 결과물이다. 지방의원의 해외연수는 늘 비판의 대상이 되어왔다. 이를 불식시키기 위해 매일경제신문이 매년 추진하고 있는 선진 벤치마킹 교육프로그램을 신청하여 다녀오게 되었다. 해외연수를 다녀온 이후 거제지역 사회복지시설 관계자와 거제시청 복지담당 공무원을 초청하여 해외연수 보고회를 열어 소통의 시간을 가졌다.

비록 짧은 해외연수의 기록이지만 일본의 선진 노인요양복지시설 운영의 제반 노하우를 바탕으로 노인복지정책에 반영되었으면 하는 바람이다.

아울러 여러 지방의회에서 해외연수를 기획하는 데 조금이나마 길잡이가 되기를 바라는 마음으로 엮었다는 점을 밝힌다.

프롤로그

복지가 시대의 화두로 떠올랐다. 정부의 연간 예산에서 사회복지가 차지하는 비중이 30%를 넘어섰다. 지방화 시대 주민의 삶의 질을 높이기 위한 지방자치단체의 사회복지비 또한 큰 폭으로 증가하고 있다. 2018년도 거제시 재정의 사회복지 비중은 31%인 2,700억 원에 달하고 있다.

거제시 재정에서 사회복지 비중이 높아지고 있는 것과 비례하여, 평균연령이 높아지고 있는 것도 지역사회 문제로 점차 부각되고 있다. 이미 거제시 전체 인구의 9.17%인 23,065명이 만 65세 이상의 노인이다. 노인인구가 점차 늘어나고 있는 것도 요양시설 확충의 근거가 되고 있다.

고령화사회의 문제는 우리나라를 비롯한 대부분의 국가가 겪고 있는 문제이기도 하다. 그러나 우리나라의 경우 고령화사회에서 고령사회, 그리고 초고령사회로 이어지는 노인인구의 증가 속도가 세계에서 가장 빠르다는 점이 노인문제를 가중시키고 있는 요인이다. 정부에서 이러한 저출산고령화 문제를 해결하기 위해 다양한 대책을 내놓고 있지만, 가속화되어 가는 고령화사회 문제를 해결할 뚜렷한 처방전이 없는 상태다.

이미 고령사회에 진입한 거제시 또한 노인복지 정책의 변화가 필수불가결한 과제가 아닐 수 없다. 노인들의 건강한 삶과 여가문화를 창출하기 위한 발돋움이 절실히 필요한 시점이다.

그럼에도 불구하고 거제시 재정 현실은 만만치 않은 상태다. 조선산업 매출 감소와 인력 구조조정으로 지방소득세 세입 감소로 지방 재정이 한마디로 재난수준에 이르고 있다. 전국 최악의 실업률로 표현되는 고용지표가 말해 주듯 거제 경제의 견인차 역할을 해왔던 조선산업의 회복 조짐이 보이지 않고 있다. 거제는 이미 고용위기지역 및 산업위기특별대응지역으로 지정된 상태다.

사회복지 재정 비율이 높아진 것과 다르게 주민들의 복지 체감도는 피부에 와 닿지 않는다고 아우성이다. 그것은 사회복지전달체계의 모순으로 기인한다. 복지 만족도를 높이기 위해서는 주민에게 맞춤형 복지를 추구해야 한다. 고정비용인 사회복지 비중이 높아지는 속도보다 주민들의 복지 욕구가 더 크기 때문이다.

예산의 지침에 민간보조 사업은 지방자치단체의 재정자립도, 사회복지비, 재정자주도, 인구 수 등을 종합적으로 판단하여, 그 기준을 정하여 사업을 추진하도록 규정하고 있다. 그러나 이러한 현실은 주민들의 이해나 설득으로 되지 않고 욕구로 받아들여지고 있다는 게 문제다.

필자는 거제시의회 행정복지위원장으로서 고령화사회 노인복지의 한 영역인 요양복지시설을 벤치마킹하여 시정에 접목하고자 하였다. 이번 연수를 기획하면서 우리나라 보다 먼저 고령화사회를 겪은 일본의 선진노인요양 복지시스템을 비교하여 부족한 점을 개선하기로 결정하였다.

일본은 우리나라보다 이른 시기에 고령화 문제에 정부와 지방자치단체가 어떻게 대처하고 주민들의 욕구에 맞는 프로그램을 어떻게 운영했는지 세세한 부분까지 보고 듣고 느끼고자 하였다.

일본의 요양복지시설을 벤치마킹하여 거제시 노인복지정책에 반영하기 위한 몇 가지 과제를 선정하게 되었다.

첫째, 일본의 요양복지시설의 운영방법과 효과를 높인 노인복지정책을 시정에 반영하고 싶었다. 이를 위해 노인들의 복지 욕구의 파악과 요양복지시설을 운영하는 관리자 및 실무자와의 간담회를 통해 세부적인 운영 실태를 파악하여 접목하기 위한 벤치마킹 계획을 수립하였다.

둘째, 정부나 지방자치단체의 사회복지비 지원으로 운영되는 비영리 사회복지시설의 운영과 새롭게 도입되어 각광받고 있는 영리법인이 운영하는 시설의 차이를 파악해 보고 싶었다. 고령화 문제를 극복한 일본의 선진복지환경은 우리에게 시사하고 있는 바가 매우 크다. 일본의 노인복지 시스템을 이해하기 위하여 사전 준비에 철저를 기하기 위해 노력하였다.

셋째, 일본을 비롯한 선진 복지기기 620여 개 기업이 참여하는 아시아 최대 규모의 동경 국제복지기기 박람회를 참관하고 싶었다. 각종 복지용구와 복지기기 등은 향후 우리에게 도입될 부분이 많은 분야이다. 노인들의 자활 · 재활기기의 변화상을 직접 체험해 보고

장단점을 파악하는 데 주력하였다.

일본의 선진화된 요양복지시설을 짧은 기간에 벤치마킹하여 거제시 노인복지정책에 접목하는 일은 결코 쉬운 일이 아닐 것이다. 그러나 거제시의회 행정복지위원회 위원들은 지속적으로 선진문물과의 접목하는 방안을 쉬지 않고 연구해야 할 것이다.

이번 연수를 통해 오직 주민들의 마음에 드는 '초고령사회를 앞두고 보다 나은 노인요양복지시설' 환경을 만들어 나아가고자 하는 한결같은 마음뿐이다.

I. 해외연수 준비 과정

지방의회 의원들이 해외연수를 다녀오기 위한 절차는 까다롭다. 철저히 준비하여 계획서를 제출하고 보고 과정을 거쳐 심사위원회의 심사를 거쳐야 가능하다.

해외연수 과정에서 가장 중요한 점은, 해외 선진문물을 무엇을 보고 배워 올 것인가? 어떻게 시정에 접목할 것인가? 제대로 사전 준비 과정을 거쳤는가? 연수 목적과 연수 내용이 부합하는가? 연수 기간은 효율적인가? 연수 인원은 적정한가? 연수를 빙자한 외유성 관광은 아닌가? 연수에 필요한 예산은 정확한가? 해외연수를 준비하면서 마음 한쪽이 무겁게 느껴졌다.

이렇듯 철저히 준비하지 않으면 연수 이후 보고서 제출과, 시정에 접목하는 부분을 차치하더라도 해외연수심사위원회의 심사를 통과하기 어렵다.

이번 연수의 목적은 일본의 선진 요양복지시설의 벤치마킹을 통해 거제시정에 접목하기 위한 것이었다. 연수의 기간은 2018년 10월 9일부터 10월 12일까지 3박 4일이다. 이번 해외연수에 함께 했던 의원은 행정복지위원회 소속 6명의 의원과 사무국 직원 2명 등 모두 8명이 동참하는 계획을 세웠다.

연수 일정은 시간대별로 짜임새 있게 구성했다. 첫째 날, 재활 · 자활 중심의 개호서비스를 제공하는 고령자주택인 '코시하이무 치토세 센바시 프론트 3호동'을 방문하고, 둘째 날, 노인요양홈 '모리노카제 · 우에하라'와 '동경 국제복지기기 박람회'를 참관한다. 이 박람회는 620개 기업이 참여하는 아시아에서 가장 큰 홈케어 및 재활기기 박람회이다. 셋째 날, 복합 실버타운 '닛포리 커뮤니티 하우스'와 스가모 실버 스트리트'를 방문하여 노인과 젊은 세대가 함께 공존하는 신개념 도심형 주거공간을 살펴보고, 노인친화형 특화 거리를 체험하기 위한 것이다. 넷째 날, 니시도쿄시 사회복지협의회가 운영하는 '고령자 노인복지회관'을 방문하는 일정이다.

연수 경비는 거제시의회 의원의 의정활동비 등 지급에 관한 조례 제7조 2항에 준하여 정하였는데, 연수 경비가 부족하여 연수 참가자 개인별로 일부분을 각출하여 부담하였다.

심사위원들은 예리한 질문을 주었다. 연수 경비 중 항공운임비가 같은 지역임에도 차이가 나는 점과, 일본의 노인요양복지시설이 많은데 여러 도시들 중에서 동경을 택한 이유, 해외연수 준비 과정에서 의원들의 역할분담, 연수효과를 높이기 위한 사전학습과 방문하는 시설에서 토론과 간담회, 연수 이후 보고서 제출 및 전체 의원들과 공유하기 위한 프리젠테이션의 필요성 등을 제시해 주었다.

또한, 심사과정에서 일본의 선진 노인요양복지시설을 방문하기 전, 국내 노인요양시설과 기관을 선행하여 벤치마킹을 하면 좋겠다는 귀중한 조언도 있었다. 해외연수에 참여하는 행정복지위원회 소속 의원과 사무국 직원 일행은 거제 실버웰요양원을 방문하였다. 해외의 선진 사례를 살펴보기 이전에 국내 노인요양복지시설을 방문하여 상호 비교할 수 있는 토대를 마련한 것이다.

해외연수를 꼼꼼히 준비하면서 빼놓을 수 없는 부분이 『일본 요양(치매) 복지시설 벤치마킹』 사전학습용 책자를 만드는 일이었다. 이것은 해외연수 참가자들이 사전학습을 통해 연수효과를 극대화하자는 취지였다. 해외연수지에 대한 사전정보 및 거제시 노인복지 정책 자료를 포함하여 참여자 전원에게 배부하여 다함께 사전 학습 토록 하였다.

거제시 복지정책을 담당하는 주민생활과, 사회복지과, 여성가족과 담당주사 직원들과 간담회 기회도 마련했다. 노인요양원 복지시설 또는 노인복지 정책과제 중에서 문제점을 찾아 시정에 접목할 부분을 찾기 위한 사전 협의하는 기회가 되었다.

그뿐만이 아니다. 일본의 선진 노인요양복지시설을 벤치마킹하기 전, 경상남도사회복지협의회에 협조를 구해 경남 도내 모범적인 복지시설을 추천받아 벤치마킹을 다녀왔다. 특히 창원시 반지동 소재 희연요양병원 방문은 일본의 요양복지시설과 비교할 수 있는 곳으로 전혀 손색이 없는 귀중한 시간이 되었다.

일본 선진지 방문 시설에 대한 준비 과정에서 미리 자료를 배포한 것은, 참가자 개별적으로 시설마다 질문할 사항을 기록하여 준비하도록 하였다. 질문 내용을 미리 준비하는 것은 간담회 시간을 효과적으로 운영할 수 있다는 장점과 보다 충실한 벤치마킹을 위한 것이었다.

필자가 미리 준비한 일본 노인요양복지시설에 대한 질문 내용을 소개한다. 궁금한 질문을 위해 우리나라의 노인요양복지시설과 비교하였고, 벤치마킹의 주요한 관점을 상호 비교를 통해 거제시 노인복지정책에 반영할 수 있기 때문에 충실을 기하기 위한 많은 노력을 기울였다.

시설명	코시하이무 치토세 센바시 프론트 3호동
질문 내용	1. 일본의 치매노인에 대한 지원(국비/지방자치단체) 정책 2. 치매 복지시설에 대한 지원(운영비, 사업비) 정책 3. 개호보호사(한국의 요양보호사) 자격 취득과정과 개호보호사 근무 형태 및 채용방법 4. 개호보호사의 처우(임금수준 및 복지 등) 5. 치매 복지시설 사업에 대한 평가방법 6. 전국 보건소에 치매상담신고센터 설치 의무화 일본의 치매노인 상담의 관리 운영 시스템 7. 치매예방사업 프로그램 8. 노인복지센터와 같이 민간이 치매노인을 보살피는 복지시설의 경우, 요양등급별 입소 기준과 요보호자 부담 비용 9. 신오렌지플랜의 주요 추진 내용 10. 지역생활 중심의 치매노인 보호 프로그램 소개

시설명	모리노카제 · 우에하라
질문 내용	1. 요양노인홈 운영비용의 개인 분담금액 2. 민간보험으로 사회서비스 제공받는 노인의 수 3. 요양노인홈 복지시설 허가 승인절차 4. 노인요양시설에서 응급상황 발생 시 대비책 5. 지역사회복지서비스 프로그램 소개

시설명	복합실버타운 닛포리 커뮤니티 하우스
질문 내용	1. 닛포리 커뮤니티 하우스 복지운영시스템 2. 노인과 아동이 함께 공유하는 복지시설의 운영/사업비 현황 3. 임대주택의 비용 및 임대기간 제한 여부 4. 데이케어센터 이용 대상자와 이용자들의 만족도 5. 노인요양시설 입소이후 환경적응 프로그램 6. 개인상담 외 운영 프로그램

시설명	니시도쿄시 사회복지협의회
질문 내용	1. 사회복지협의회 구성원 및 현황 2. 법인에 대한 정부 및 지방자치단체의 지원정책 3. 사회복지대회 등 주민과 함께 참여하는 행사 4. 지역사회복지계획 수립 절차와 방법 5. 지역사회복지 차원의 민간 지원 및 주요사업 소개

II. 일본 요양복지시설 벤치마킹

1. 코시하이무 치토세 센바시 프론트 3호동

2017년 10월 개관한 코시하이무 치토세 센바시 프론트 3호동은 정길복지회(正吉福地會) 사회복지법인이 운영하고 있는 유료 노인복지홈이다.

유까리 시설장이 우리 일행을 반갑게 맞이해 주었다. 이곳에서 홈헬퍼(가정관리사)가 가가호호 방문하여 사회복지서비스를 제공하는 한편, 시설 내에서 다양한 노인복지 프로그램을 운영하고 있다고 밝혔다. 정길복지회 사회복지법인이 설립한 일곱 곳의 요양복지시설 중 고령자를 위한 주택 건립은 이곳이 처음이라고 소개했다.

도쿄시의 공기업인 도쿄주택공사가 지은 건물 내부는 모든 호실에 거주자가 입주하고 있어 직접 방문해 볼 수는 없었다. 다만, 1층 식당 겸 휴게공간에서 시설안내 책자를 통해 건물 내 편의시설과 복지 프로그램에 대해 상세한 설명을 들을 수 있었다. 이 건물은 서비스형 고령자주택으로 지어져 민간사회복지시설이 운영하고 있으며 우리나라의 임대주택과 같은 형태를 띠고 있었다.

이곳 거주자들은 위험사항 등 긴급한 일이 닥쳤을 때, 신속하게 대처할 수 있는 복지시스템을 갖추고 있었다. 클라이언트가 거주하느 호실마다 목욕탕과 주방설비 그리고 화장실이 갖추어져 있고, 식사는 직접 해먹을 수 있고 필요로 하는 경우 식당에서 주문하여 먹을 수 있도록 제공된다.

일본의 경우 몸이 불편한 노인들의 돌봄을 위한 개호보험을 두어 이들에게 서비스를 제공하는 시설들이 있는 반면, 현재 건강한 노인들이 고령자주택을 선호하여 생활하기도 한다. 이처럼 고령자주택은 건강한 노인들이 지속적으로 건강을 유지할 수 있도록 도움을 주는 역할을 하고 있다. 노인들은 함께 체조도 하고 일본의 마작이라고 부르는 게임을 즐기기도 한다.

고령자주택의 사회복지사는 매일 노인들의 건강을 확인하고, 생활하는 데 불편함이 없는지 상담도 해 주며, 긴급 상황에 대처하는 일을 수행하고 있다. 긴급 상황 발생 시 버튼을 누르면, 담당 직원의 휴대폰으로 긴급 연락이 취해지고 곧바로 대응을 해 주는 시스템이다. 또한 호실마다 센서가 부착되어 있는데, 거주자가 8시간 동안 아무런 움직임이 없을 때 센서가 자동으로 작동되어 호실을 살펴볼 수 있도록 하고 있다. 이러한 시스템은 호실 내 방뿐만 아니

라 목욕탕, 화장실 등에도 설치되어 있다.

거주자들의 호실 크기는 1인 세대가 살아가기에 적당한 전용면적 25.76㎡과 2가지 종류로 되어 있고, 모두 23개 호실이 유료로 제공되고 있었다. 각각의 호실은 임대료, 관리비, 서비스료에서 조금씩 이용료 차이가 있었는데, ￥162,820에서 ￥171,520이었다. 전세금은 없고 2개월의 임대료를 보증금으로 내고, 월세 형식으로 매월 임대료를 지불하고 있다. 월 사용료를 환율로 환산해 보면, 대략 162만 원에서 171만 원 정도로 높은 편이다.

코시하이무 치토세 센바시 프론트 3호동 요양복지시설을 운영하는 직원은 시설장을 포함하여 모두 7명으로, 주간에 3명이 근무하고, 야간에는 4명이 근무하고 있다. 직원들은 주로 개호복지사 자격을 갖추고 있는데, 개호복지사는 세 가지의 종류가 있다.

국가에서 일정한 교육을 이수하고 필기시험과 실기시험을 통과하여 인정받는 자격증이 있고, 일정 기간 연수를 통해 쉽게 취득할 수 있는 자격제도와, 청소나 식사 등 가사를 도울 수 있는 제도를 두고 있는 것이다.

개호복지사의 급여수준은 170만 원에서 180만 원 정도이고, 일반 기업의 초봉과 비슷한 수준이라고 하였다. 급여는 시설마다 조금씩 차이가 있는데, 많은 경우 250만 원을 받는다고 한다.

우리나라는 아직 보편화되지 않았지만, 일본의 경우 고령화사회를 대비하면서 2000년대 이후 민간임대주택을 활용하여 고령자주택 정책을 활발하게 펼쳐왔다. 일본 고령자주택은 고령자 우량임대

주택, 고령자 전용 임대주택, 양호노인홈, 경비노인홈, 실버하우징, 공동주거 등으로 구분하고 있다. 65세 이상 고령자의 1인 단독세대 비중이 증가하고 있으며, 1인 단독가구의 경우 임대주택 비중이 부부 세대보다 낮음에 따라 임대주택 수요가 증가하여, 2001년 고령자 주거의 안정 확보에 관한 법률에 기반 민간사업자 등을 활용하여 고령자용 임대주택 공급을 촉진하게 되었다.

고령자 임대주택에서 거주자 안부 확인은 지방자치단체가 복지, 의료 등 지역 내의 민간사업자와 연계를 통해 약 30분 이내에 생활상의 안전, 안심, 건강을 확보하는 서비스나 대응을 24시간 365일 제공하는 것을 원칙으로 하고 있다. 일본은 고령자 주택을 건설하는 경우, 건물 개축비의 10%와 개수비의 30%를 보조하는 정책을 펴고 있다. 또한 소득세 및 법인세, 고정자산세, 부동산 취득세 등을 우대하거나 융자 요건을 완화해 주고 있다.

고령자주택 입주조건은 만 60세 이상 노인들 중 희망자이고, 국비지원 없는 비싼 유료에도 선호도가 높다고 한다. 그 이유는 도심에 위치해 여러 활동을 즐길 수 있고, 24시간 자유롭게 활동할 수 있는 점과 개개인의 사생활도 보호받으며, 사회복지 전문가로부터 서비스를 제공받을 수 있기 때문이다.

일본의 치매노인에 대한 국가 및 지방자치단체의 정책은 지역별로 치매포괄지원센터를 두어 지원하고 있다. 사회복지법인에 대한 지방자치단체의 지원은 시설을 유료로 운영하기에 별도의 지원정책은 없다고 하였다.

2. 모리노카제 · 우에하라 노인요양홈

모리노카제 · 우에하라 노인요양홈을 방문하고 큰 감명을 받았다. 우리 일행을 맞이하는 첫 대면부터 많은 준비와 배려를 했다는 느낌을 받았다. 먼저 우리말이 통하는 교포3세를 배치하여 주었다. 언어장벽이 없으니 벤치마킹의 효과를 높일 수 있었음은 물론이다. 시설장인 관장이 직접 시설에 대한 전체적인 브리핑을 해 주었을 뿐만 아니라, 주요시설을 둘러볼 수 있도록 안내하면서 상세하게 설명해 주었다.

모리노카제 · 우에하라는 6층 규모의 건축물로 정부의 전액 지원으로 지어진 것을 민간복지법인이 위탁 운영하는 형태였다.

엘리베이터에 비밀번호를 부여되어 있었다. 즉, 아무나 작동하지 못하도록 하였는데, 치매노인이 보호자 없이 혼자 엘리베이터를 타지 않도록 한 안전장치였다.

단기보호시설을 갖추고 서비스를 제공하고 있다. 보호자가 긴급한 일이나 여행을 간다든지 하여 한달 이내 보호자가 부재일 때 시설에서 단기로 보호해 주는 서비스다. 최장 3개월까지 이용할 수 있고, 재활을 통해 건강하게 지낼 수 있도록 단기보호 프로그램을 운영하고 있다.

단기보호시설에 입소 시 우리나라는 이용료의 20%를 지원하고 있는 데 반해 일본의 경우 10% 정도를 지원하고 있다. 보호자의 재산신고 소득에 따라 조금씩 지원액이 다르다.

이곳 노인요양홈에 입소하면 기저귀를 안 쓰고 운동도 하고 그냥 누워 있는 환자가 없도록 케어를 하고 있다.

일본에서 노인 케어는 자립지원이 주를 이루고 있다. 일본의 개호보험제도가 시작된 2008년 노인 케어 시장 규모는 3천 엔 정도였다. 그러나 10년이 지난 작년의 경우 그 규모가 10배나 늘어났고, 2025년에는 20조 엔을 넘을 것으로 예상하고 있다. 고령인구가 급격히 늘어나고 있어 시장 규모 또한 급성장할 것이다.

노인요양시설이 더 늘어나야 하고, 케어를 담당할 개호복지사 등 인력충원 문제가 대두되고 있다. 2025년에 부족 인력이 38만 명에 이를 것이라고 예견하고 있다. 그 이유는 노인 케어 자체가 단순한 일로 여겨져 매력을 느끼지 못하는 직원들의 이직 현상이 많다.

이곳 시설을 위탁 운영하는 민간복지법인의 이념은 시설에 오랫동안 보호하는 것이 아니라 재활 자활을 통해 마음이 편안한 자신

의 집에서 지낼 수 있도록 하자는 것이다. 시설 규모는 노인요양홈이 80개실이고, 단기보호시설 규모는 20개실이다. 일본의 개호는 다섯 단계가 있는데 5호가 가장 위중한 상태다. 우리나라의 요양등급은 1급이 가장 위중한 상태로, 일본과는 반대로 되어 있다. 이곳 시설의 평균 개호도는 3.75호이고, 거주자의 평균연령이 90세였다.

건물 2층에는 데이케어 서비스센터가 운영되고 있고, 센터 옆에는 보육원과 유치원이 함께 운영되고 있었다. 우리나라 복지와 다른 점이다. 우리의 경우 노인복지시설과 아동복지시설이 별도로 운영되고 있는 것과 달리 한 건물 안에서 노인복지와 아동복지가 동시에 이루어지고 있는 것이다.

모리노카제의 재활 자립지원은 네 가지 기본이 케어의 중심이 되고 있다. 수분섭취, 영양, 운동, 자연적인 배변을 노인 케어의 기본으로 하였다. 첫째 수분섭취는 근육의 양이 적어지는 노인에게 탈수를 방지하고, 내장 기능을 높여 배변기능을 강화한다. 둘째, 시설의 특징은 입소하는 노인의 기저귀를 하지 않는다는 점이다. 기저귀를 차게 되면, 인간으로서의 자존감이 상실될뿐더러 건강하려는 의욕조차 들지 않기 때문이다. 셋째, 운동을 실행하고 있다. 오랫동안 누워있거나 앉아 있게 되면 걷는 것 자체를 잊어버려 걸을 수 없게 되므로 매일 운동하는 것을 기본으로 하고 있다.

이곳 시설에 입소한 할머니 한 분이 운동하는 영상을 보여 주었다. 101세 할머니는 입소하기 전 와상 환자로 2년 동안 누워 지냈는데, 한 달 동안 일어서고 걷는 연습을 통해 혼자서 걷는 모습을 확인할 수 있었다. 또 다른 사례는 93세 치매노인이 표정 없이 항상 누워 있고 다른 사람의 도움 없이는 일상생활을 전혀 하지 못하였는데, 배변은 물론 입안으로 음식을 삼키지도 못하는 상태였는데, 입소 이후 재활과정을 통해 보조기로 혼자 걸으며, 주위와 대화도 하고 노래도 부르게 되었다.

노인요양홈을 이용하는 비용의 10%에서 30%는 이용자가 부담하고, 나머지 이용료는 개호보험공단에서 지원하고 있다. 월별 평균 이용료를 보면 적게는 7만 엔부터 많게는 20만 엔 정도라고 한다. 또한 응급상황이 발생하면 야간에는 간호사가 없기 때문에 119 구급차를 불러 가까운 병원으로 이송하여 대처한다고 하였다.

이곳 시설에서 유심히 봤던 목욕탕이 독특하였다. 누운 상태와 앉은 상태로 목욕서비스를 제공하는 부분이었다. 목욕보조기의 가격이 200만 엔에서 350만 엔 정도였다.

노인요양홈에 입소하여 3개월 동안 집중적으로 재활과 보행훈련으로 건강해지면 가정으로 돌려보내는 과정을 반복하고 있는 것이다. 일본에서는 가정에서 어르신을 모시기 위해 하던 일을 그만두는 경우가 많은데, 이러한 노인요양홈이 운영되면 가족이 노인부양을 위해 일을 그만두지 않아도 될 것이다. 특히 건강을 회복하여 가정으로 되돌아가는 비율이 63%나 되는 만큼, 거제시에서 벤치마킹으로 노인복지정책에 반영하면 많은 성과가 예상된다.

3. 동경 국제복지기기 박람회

이번 연수 기간 중 역점을 둔 분야가 동경 국제복지기기 박람회를 참관하는 일이었다. 전 세계 620여 개 기업이 참여하는 아시아 최대 복지기기를 한자리에서 볼 수 있는 기회가 되었을 뿐만 아니라, 미래 노인복지정책의 비중이 많아지고 있는 복지기기의 성장 모습을 자세히 살펴볼 수 있었다.

가장 관심을 끌었던 부분은 노인과 장애인들의 이용률이 높아지는 휠체어를 개인 승용차에 혼자서 쉽게 오르내리는 모습이었다. 우리의 경우 활동보조인의 도움을 받아야 이동할 수 있는 것을 단번에 고정관념을 바꾸게 되는 계기가 되었다. 휠체어 이동을 손쉽게 바꾼 아이디어 상품들도 많았고, 턱단 때문에 이동권에 제약을 받았던 것을 계단 대신 경사로 시설을 할 수 있도록 한 장치들이 많

이 선보였다. 장애인과 비장애인이 함께 더불어 살아가는 공동체 사회에 꼭 필요한 장치들이라 생각되었다.

또한 시설과 기관에서 물품들을 옮길 때 몸에 보조기기를 장착하면, 무거운 물품도 큰 힘을 들이지 않고 옮길 수 있었다. 이러한 장착기기들은 장애인 자립사업장이나 일상적인 가정생활에서도 적용할 분야가 많을 것이다.

몸이 불편한 노인과 장애인을 위한 목욕시설들과 로봇을 활용한 재활운동기 등은 시급히 도입해야 될 품목으로 지적되었다. 아직까지 대중화되지 않은 복지기기와 장비는 도입비용이 비싼 것이 흠이 되었다. 그러나 몸의 불편함을 해소할 수 있거나 건강에 도움이 되는 복지기기들이 도입된다면 이용자들에게 효과가 클 것이다.

동경 복지기기 박람회는 규모만큼이나 많은 인파로 붐볐다. 한국 기업도 네 곳이나 참여하고 있었고, 대학의 사회복지 관련 교수진과 연구자, 학생들도 단체로 방문하기도 하였으며, 노인요양시설 및 장애인시설 운영자도 보였다.

사회복지는 지역사회 삶의 질을 높이는 중요한 역할을 한다. 노인들과 장애인에게 필요한 복지기기를 필요한 시설과 개인들에게 제공되도록 해야 한다. 박람회에서 복지기기 자사 제품을 목청껏 설명하는 기업 관계들의 목소리가 아직도 귓가에 쟁쟁하게 울려 퍼진다.

4. 닛포리 커뮤니티 하우스

닛포리 커뮤니티 하우스는 ㈜생활과학운영 민간기업이 운영하는 노인요양복지시설이다. 올해로 창업 35주년을 맞이한 가운데, 지역 커뮤니티를 창조한다라는 기업 이념을 가지고 있다. 이곳은 우리의 실버타운과 거의 비슷하였다.

㈜생활과학운영 민간기업은 주로 대도시인 도쿄, 오사카, 교토 등 도시에 31개의 노인요양홈을 운영하고 있다. 이곳은 2003년 6월에 개소하여 올해로 15년의 역사를 가지고 있다. 본래 시설의 위치가 중학교가 있던 곳이었다고 한다. 중학교가 폐교하면서 지역주민들이 어떻게 활용하는 것이 좋을까 고민하다가 ㈜생활과학운영이 매입하여 노인요양홈을 건립하게 되었다.

이 건물은 12층 규모로 지어져, 1층은 건강한 사람들이 자립형 식당으로 이용하고 있고, 2층과 3층은 일반인들에게 임대한 주택이다. 임대료가 저렴하기 때문에 젊은 사람들이 거주하고 있다. 거주자들이 일주일에 2, 3회 밥을 하여 서로 나누어 먹곤 하는데 당번제로 하고 있다. 이것을 컬렉티브 하우스라고 하는데, 본래 스웨덴에서 시작된 것을 일본에서 처음 도입하여 시행한 곳이다. 4층부터는 라이프하우스하고 시니어하우스로 나누어져 있다. 4, 5, 6층이 시니어하우스로 개호형 주택이고, 신체적 도움이 필요하신 분들이 주로 4층에 살고 있고, 5층에는 치매환자가 생활하고 있으며, 6층은 개호실인데, 거의 다 자립이 가능한 사람들이 생활하고 있다. 7

층부터 12층까지는 자립형 하우스로 운영하고 있다.

일본의 노인요양홈은 입소 시 일시불의 일정 금액을 내고, 평생 살아가는 형태를 띠고 있다. 이러한 노인요양홈의 특징은 자립형과 개호형을 들 수 있다. 닛포리 커뮤니티 하우스는 자립형과 개호형을 플러스한 경우로, ㈜생활과학운영 민간기업의 특징이다. 일본은 대부분 개호형 노인요양홈으로 운영되고 있고, 자립형 노인요양홈을 운영하는 곳은 아직 적다.

이곳 시설은 처음 입주할 때, 자립형으로 들어와 생활하다가 점차 건강이 나빠지면 개호형으로 바꾸어 서비스를 받는 구조다. 처음에 일시불로 임대료를 지불했기 때문에 자립형에서 개호형으로 바뀌어도 별도의 이용료 변화가 발생하지 않는다. 임대주택으로 매달 약정된 월세를 지불하고 있다.

시설에서 운영하는 프로그램 몇 가지를 소개하면, 그룹홈이 있는데, 치매노인을 대상으로 9명 정도의 소규모 인원으로 구성하여, 쇼핑을 위해 마트나 전통시장에 같이 다녀오기도 하고, 청소와 식사 등을 함께 하고 있다. 즉 자립형 입주자 상호 서로 생활을 도와주는 것이다. 또한 데이케어서비스가 있는데, 아침에 시설에 와서 프로그램에 참여한 뒤 집으로 귀가하는 것이다.

집으로 방문하여 생활편의를 제공하는 개호 서비스가 있고, 주말에 가족에게 긴급한 일로 여행을 갈 때 일시적으로 보호할 수 있는 서비스도 제공하고 있다. 이러한 부분을 통칭하여 지역밀착형이라고 한다.

입주 시 임대료는 자립형이 2,639만 엔에서 7,200만 엔이다. 적은 금액이 아니다. 이곳에 입주하기 위해서는 10년 동안 계약하였다면, 계약금으로 15%를 일시불로 지급하고, 나머지 85%를 10년 동안 나누어 분납하게 된다. 입주자가 90세가 넘으면, 10% 할인하여 주고 있다. 우리나라는 아직 이러한 시설이 제도적으로 마련되지 않았다. 법적으로도 허용되지 않았다. 그러나 고령화사회로 진입하여 고령사회, 초고령사회로의 진입 속도가 일본보다 빠른 우리나라의 현실로 볼 때, 향후 이러한 시설이 나타날 것은 불 보듯 뻔하다.

개호형은 매월 관리비로 10만 8,000엔 정도 들고, 전기세, 수도세 등 세금도 별도로 지불해야 한다. 여기에 의료비나 기저귀, 약값이 들 수 있고, 사용하는 방의 방향에 따라 햇볕이 잘 들어오고 방 크기에 따라 금액이 다르다. 일본의 개호등급은 1호부터 5호까지 있는데, 개호보험공단에서 지원하기에 개호 1호 등급을 받은 경우 이용료의 10%만 부담하면 된다.

우리나라의 실버타운은 이익을 내기 어렵다고 한다. 그러나 일본의 노인요양홈은 민간기업이 운영하며 공실율이 거의 없는 90% 이상 입소하기에 적자가 아닌 흑자 구도를 유지하고 있다.

5. 스가모 실버 스트리트

스가모 실버 스트리트는 노인들과 장애인들이 아무런 불편 없이 물품을 구매하고, 자유롭게 거리를 오가며 여러 가지 체험을 할 수 있는 자유거리이다.

이곳 거리를 방문하면서 휠체어장애인이 불편함 없이 거리를 마음껏 다닐 수 있다는 게 신기했다. 거리 입구에서 필요한 물건이 전시된 거리상점을 안내해 주고 있었다.

차량 진입을 차단하여 안전하고 편리하게 쇼핑할 수 있도록 특화시킨 거리는 노인들로 넘쳐났다. 상점마다 노인들이 좋아할 만한 상품들이 전시, 판매되고 있었다. 특이할 점은 상품에 큰 글씨로 가격이 적혀 있고, 거리의 중간 중간에 쉬어갈 수 있는 의자가 배치되어 있다는 부분이었다. 노인들의 거리인 만큼 쉬엄쉬엄 쇼핑거리를 특정지어 만든 것이다. 이곳 거리의 상점마다 가격이 저렴한 것도 사람들을 불러 모으는 요인이 되고, 저렴한 먹거리와 건강을 위한 여러 종류의 체험거리가 있어 스가모 거리를 더욱 활성화했다.

도로에 턱이 없어 노인과 장애인들이 편리하고, 상점 문턱도 전혀 없었다. 도로 표면도 안전에 신경을 써서 넘어질 염려가 없도록 해 놓았다. 옷과 신발, 악세서리 등 소규모 점포와 각종 먹거리가 즐비하게 펼쳐져 있었다.

노인들의 건강을 지키기 위한 복지기기 체험할 수 있는 기회가 있었다. 전기를 이용한 혈액순환을 돕는 기구였는데, 제법 피로가 풀리는 느낌을 받았다. 일본의 어르신들은 매일 이곳에 들러 피로를 풀고 있다고 하였다. 체험을 받는 모든 분들에게 음료를 무료로 제공하였다. 이미 부산에 진출하여 체험실을 운영하고 있다고 하여 놀라웠다. 건강한 노후를 원하는 많은 분들의 호응이 있기 때문에 가능한 일이라 생각되었다.

비가 와도 빗물이 경사진 도로면을 따라 양편 배수관으로 스며들도록 하였다. 우리 거제의 전통시장 거리를 스가모 실버 스트리트와 같이 특화거리로 조성해 보는 것도 필요함을 느꼈다.

6. 니시도쿄시 노인복지회관

니시도쿄시는 도쿄 인근 서쪽에 위치해 있는 외곽 도시다. 도쿄 신주쿠에서 20분이면 올 수 있는 거리다. 인구는 약 20만 명으로, 65세 이상 노인이 약 36%를 점유하고 있어 초고령사회로 진입된 상태이다.

니시도쿄시 노인인구의 건강분포도를 살펴보면, 80세 남성의 10.9%는 건강하고, 70.1%는 몸이 약해지는 것으로 나타났다. 그중 19%는 약 60세 부터 몸이 약해지는 것이 통계로 나타나 있다. 여성도 80세부터 몸이 약해지는 비율이 87.9%에 이르고 있다.

노인정책의 목표는 건강하게 삶을 영위하는 것이다. 노인복지회관에서는 개호를 예방하는 시스템을 갖고 있고, 삶의 즐거움에 대해 주기적인 교육을 해 오고 있다. 고령자가 삶에 보람을 느끼게 하는 프로그램으로 체조와 음악, 그림 그리기와 바둑 등 취미 강좌를 개설하여 운영하고 있다.

고령자 사업의 하나로 정부정책은 어떻게 하면 인간다운 삶, 삶에 즐거움을 느끼며 살아가는 것을 추진하고 있다. 이러한 고령자 정책을 펼치는데 4개의 주제를 가지고 있다.

첫째는 '건강하자'이다. 건강하게 오래 살아야 하는 것을 목표로 삼고 있다. 둘째는 '밖으로 나가자'이다. 집에 있기보다 밖으로 나가 사람들과 대화도 하고 운동도 하도록 하는 것이다. 셋째는 '커뮤니티'이다. 밖에 나가서 자기 그룹을 정하는 커뮤니티에 참여하면 여러 정보를 공유할 수 있다. 넷째는 '사회에 진출해서 보람차게 하자'이다. 아이들이 학교 갈 때 보호해 주기도 하고, 사회에 봉사함으로써 보람을 찾을 수 있다.

니시도쿄시 복지시설은 모두 6곳에 위치해 있는데, 그중 한 곳이 노인복지회관이다. 복지관은 2층 규모로 1층은 노인복지시설

로, 2층은 아동복지시설로 운영되고 있었다. 시설내 목욕탕과 각종 프로그램을 운영하는 강당과 회의실이 있었고, 취미 등 프로그램을 운영하는 호실들을 갖추고 있었다.

노인복지회관의 프로그램 이용료는 무료이다. 노인복지정책의 문제점 중의 하나가 의료보험 재정이 급격히 늘어나고 있고 개호보험 수급권자가 늘어나 재정 부담이 만만치 않다는 데 있다.

홀로 사는 노인들 중에 복지관에 못 오시는 가정은 지역포괄센터에서 개호보호사를 가가호호 방문하여 서비스를 제공하고 있었다. 주로 치매환자의 경우 헬퍼 서비스와 집안 청소, 식사를 위한 조리를 돕고 있다. GPS로 치매환자의 위치를 파악 관리하는 것을 보조해 주기도 한다. 우리나라 치매환자 관리에도 인권문제 등을 고려하여 GPS 도입의 필요성이 있어 보인다.

노인복지회관의 운영주체가 사회복지협의회로 연결이 아주 잘되어 있었다. 어떻게 보면 니시도쿄시 직원들과 똑같은 역할을 하지만, 소속은 민간기관인 것이다. 노인복지회관을 운영하는 정규직원은 26명이었다. 우리와 다른 점은 점심식사를 제공하는 식당을 운영하지 않고 있었다.

III. 거제시 노인요양 복지정책 제안

연수를 다녀온 뒤 벤치마킹 결과를 시정에 접목하기 위해 지역사회 복지시설 관계자와 거제시 복지정책 관계 공무원을 초청하여 해외연수 결과를 공유하는 보고회 시간을 가졌다.

해외연수 보고회 자리를 마련한 것은 거제시의회 행정복지위원회에서 일본의 노인요양복시시설을 다녀온 후 시정에 접목할 부분을 찾기 위한 것이었다.

"해외연수 결과를 시정에 어떻게 접목시킬 것인가!"

해외연수를 다녀오기 이전부터 늘 딜레마처럼 고민하던 것이 선진문물을 시정에 접목하는 일이었다. 해외연수 준비 단계부터 사회복지 관련 공무원과 사전협의도 하고, 일본의 노인요양 자료를 묶어 책자를 통해 미리 학습도 하고, 국내 벤치마킹도 다녀오고, 일본의 요양복지시설에 궁금한 점을 질문지로 만들어 연수를 다녀왔고 보고회 시간도 가졌다. 그렇지만 결국 거제시정에 노인복지정책으로 접목하여 효과를 높이는 것이 가장 중요한 과제다. 선진문물을 시정에 접목하는 것은 사전에 치밀하게 준비하지 않으면 접목이 불가능한 일이다.

국내 노인요양병원의 운영 실태는 고령화사회를 먼저 경험한 일본과 비교가 될 만큼 뚜렷한 변화가 느껴졌다. 일본의 선진 노인요양복지시설의 경우, 세세한 부분 하나하나까지 고령자들을 위해 설계되어 있었다. 특히 비상호출기와 전자센서 감지기 등 우리가 도입하여 얼마든지 시정에 접목할 수 있는 부분들이 많았다.

통계에 따르면 일본의 고령화는 생각한 것 이상으로 심각하였다. 75세 이상 노인이 2014년 기준으로 22.8%지만, 2025년이 되면 25.9%로 전 인구의 1/4이 75세 이상 노인이라는 점이 충격적이다. 우리나라 인구모형 또한 급격한 노인인구를 나타내고 있다. 노인복지정책에 투입되는 재정부담이 급격히 늘어나고 있는 점은 우리와 별반 다르지 않았다. 다만, 정부가 제공하는 복지시스템이 당사자가 바라는 만족도에 얼마나 기여할 것인지가 문제다. 민간 노인요양복지시설의 경우 본인의 부담률이 상당하다. 과연 노인들의 미래 삶의 만족도를 높여 나갈 수 있는 거제시 차원의 정책이 마련되고 준비되고 있는지 의문이다.

일본은 민간 사회복지법인이 유료노인홈을 통해 요양복지 문제를 해결해 나가고 있고, 정부의 정책 또한 공공복지 못지않게 민간복지 영역을 확대하여 급격한 증가세를 보이고 있다. 우리나라는 이미 65세 이상 인구비율이 14.2%로 고령화사회를 넘어 고령사회에 진입된 상태다. 우리나라 보다 일찍 고령사회를 맞이한 일본에서 75세 이상 노인 의료비 비중이 전체 의료비의 1/3을 차지하고 있다고 한다. 우리나라도 마찬가지로 건강보험과 요양보험이 고령사회 속도에 비해 재정 부족이 우려되는 상황이다.

우리나라와 달리 일본의 민간복지 영역이 크게 성장하는 것도 재정부담과 밀접한 관계를 가지고 있다. 거제시의 경우 노인인구가 전 인구의 9.17%로 이미 고령화사회에 진입한 상태다. 향후 고령사회로의 진입도 빠르게 진행될 것이다. 자칫 준비를 소홀히 하다 노인복지정책에 큰 위기를 좌초할 수 있다. 그래서 미리 준비하는 노력이 선행되어야 하고, 고령사회 대비를 위한 다양한 복지정책의 수정이 동반되어야 한다.

일본의 민간 노인복지를 수행하는 시설에서 가장 역점을 두고 있는 부분이 재활 · 자활 서비스였다. 어떻게 하면 고령사회에서 늘어나는 노인복지 프로그램을 수행하여 치매환자나 와상환자 등의 재활 · 자활 서비스를 통해 노인복지시설에서 건강한 상태로 가정에서 여생을 행복하게 보낼 수 있도록 돕는 것을 목표로 삼고 있었다.

2018년 3월, 정부는 보건복지부 산하에 '커뮤니티케어추진본부'를 발족하고, 전국의 읍면동사무소를 주민센터에서 복지중심의 커뮤니티케어 허브화로 변화시키겠다는 정책을 발표했다. 이러한 복지시스템 변화 정책은 문재인 정부의 대선공약이자 국정과제로써 추진에 탄력을 받고 있다. 정부 정책방향의 변화 시기에 거제시 노인복지정책도 발 빠른 대비책을 세워 나가야 한다.

동경 국제복지기기 박람회에서 직접 체험해 보고 느꼈던 복지기기와 보장구 등은 우리가 복지현장에 적극 접목할 수 있는 부분들이 많았다. 각종 거제시 행사와 축제의 무대가 계단으로만 오르내릴 수 있도록 되어 있는 것을, 이동식 경사로를 이용하면 휠체어 장애인이나 노약자들도 무대를 손쉽게 오르내릴 수 있어 충분히 개선해 낼 수 있다는 자신감을 갖게 되었다.

일본의 노인요양시설에 종사하는 직원들의 표정도 잊을 수가 없다. 한결 같이 표정이 너무 밝고 친절함이 몸에 배어 있었다. 이러한 부분들은 직접 노인복지시설을 방문하여 벤치마킹 체험을 통해서만 배울 수 있다. 일본의 사회복지 현장에서 느끼는 직원들의 자세는 우리가 본받아야 할 점이다. 사회복지 근무자들의 처우향상과 사회적 지위는 표정을 밝게 하는 요소이다. 거제시 사회복지 현장 전문가의 처우개선을 위한 근무만족도 조사를 토대로 개선책이 마련되어야 한다.

일본의 노인요양복지시설은 인간존중의 케어를 기본으로 하고 있다. 자립지원케어의 실시에 따라 기본적으로 클라이언트가 입소하게 되면, 제일 먼저 기저귀를 차지 않게 한다. 기저귀 제로 방침으로 환자 스스로 배변을 하도록 충분한 수분을 섭취하게 하고 몸의 영양을 균등하게 하는 프로그램을 운영하고 있다. 또한 끊임없는 재활 · 자활운동을 통해 건강을 유지하게 한다.

가정에서 걷지 못하고 와상환자가 된 것은, 걷는 것 자체를 잊어버린 결과라는 것이다. 다시 걷는 것을 훈련하면 누구나 보장구에 의지해 걷게 된다는 신념을 가지고 있었다. 모리노카제 노인요양홈에서는 고령의 와상환자가 입소하여 하루에 30분 이상 재활 · 자활 과정을 거쳐 스스로 보장구를 이용해 걷는 것을 동영상으로 그대로 보여 주었다. 시설에 입소하기 전, 2년 동안 누워만 지내왔던 와상환자가 기저귀를 떼고, 스스로 일어서고, 훈련을 통해 걷는 모습을 동영상으로 시청하면서 감동의 눈물이 절로 흘러내렸다. 이렇게 스스로 생활능력이 갖추어지면 다시 가정으로 귀가하여 가정방문 서비스를 제공받는다.

우리나라는 연로하신 노인을 가정에서 보호하다 거동이 더 힘들게 되면 요양시설에 입소하여 기저귀부터 차게 되는 게 현실이다. 노인요양원도 도심에서 멀리 떨어진 외곽에 위치한다. 그러나 일본의 노인요양복지시설은 도심 한복판에 위치해 있었다. 우리나라의 요양보호 개념과 일본의 재활 · 자활은 요양복지시설 운영과 정반대의 모습처럼 느껴졌다.

2025년 초고령사회를 앞두고 있는 시점에서 노인복지정책은 변화의 기로에 서있다. 노인인구의 급격한 증가로 부족한 노인요양복지시설의 확충이 필요하고, 다양한 노인요양 프로그램이 요구되고 있으며, 요양보호사의 처우개선과 전문성 강화에 힘써야 할 때이다.

Ⅳ. 노인복지정책 개선 방향

이번 해외연수는 일본의 노인요양복지시설을 중점적으로 벤치마킹하였다. 이를 거제시 노인복지정책에 반영하고자 시정에 접목할 부분을 정리하여 제시하고자 한다.

향후 거제시 노인복지정책에 반영되어 거제시의회 행정복지위원회 소속 의원들의 노력한 결과가 정책변화로 나타날 수 있도록 관심을 기울일 것이다. 초고령사회 거제시민들에게 보다 더 나은 복지서비스가 제공될 수 있기를 간절한 마음으로 바래본다.

첫째, 정부의 노인요양정책 방향이 변화되고 있으므로 거제시 면 · 동 주민자치 기능이 복지센터 허브화로 적극 추진되어야 한다.

정부의 노인요양정책이 큰 변화조짐을 보이고 있다. 보건복지부는 2018년 3월, 황승현 사회복지정책실장을 본부장으로 하는 커뮤니티케어추진본부를 신설하였다. 추진본부에서는 노인요양 등 복지정책 방향을 시설보호 중심에서 지역사회 중심의 돌봄 사업으로 변화를 추진하고 있다.

커뮤니티케어사업은 현 정부의 대선공약이므로 향후 노인과 장애인 등 취약계층 돌봄 사업은 더욱 탄력을 받을 전망이며, 이에 대한 대비가 절실히 요구되고 있는 시점이다. 향후 복지정책은 돌봄 사업이 자택이나 그룹홈에서 이루어지게 되므로, 지역사회복지가 더욱 활성화될 것이다. 즉, 복지의 중심축이 시설중심에서 면 · 동 단위의 지역사회로 급격히 변화된다고 해도 무방하다. 가정에서 돌봄 복지서비스를 받으면 자연스럽게 면 · 동 주민센터가 복지허브화로 근본적으로 변화해야 될 것이다.

커뮤니티케어를 제대로 제공하기 위해서는 복지서비스 구축에 필요한 시설을 갖추어야 하고, 공공복지 전달체계를 시설 · 병원에서 퇴원하는 지원부터 주거지원과 보건의료, 요양과 돌봄, 재가 의료급여 및 직업재활 등의 맞춤형 서비스가 연계되어야 한다.

거제시의 경우 지금까지 18개 면 · 동에 주민자치위원회를 두고 주민자치 기능을 활성화하는 데 중점을 두어 왔다. 이제는 정부의 정책을 따라 돌봄이 필요한 노인들의 욕구를 파악하여, 맞춤형 복지서비스를 제공할 수 있는 체계가 마련되어야 할 것이다.

둘째, 거제시 관내 노인요양시설에서 운영하고 있는 복지 프로그램을 개선하여, 시설보호를 지속화하는 체계에서 가정보호를 중심으로 재활 · 자활 개념으로 변화되어야 한다.

일본의 노인요양시설은 기본적으로 시내 중심가에 위치해 있었다. 그리고 사회복지법인이 운영하는 노인복지시설이라기 보다 일반적인 맨션 또는 연립주택 규모의 건축물에 호텔과 같은 구조를 가지고 있었다. 일명 고령화주택이다. 다만 일반 주택에 없는 개호복지사, 의사, 간호사 등 사회복지 전문 인력이 복지서비스를 제공하고 있다는 점이다.

우리가 방문한 일본의 노인요양복지시설들은 민간 사회복지법인이 영리를 목적으로 운영하는 곳이다. 그렇기 때문에 시설에 입주하여 생활하는 비용이 만만치 않았다. 매월 주거비용이 150만 원에서 300만 원이나 소요되어 중산층 노인들이 복지서비스를 구매하고 있다는 느낌도 받았다. 그만큼 공공복지 측면의 요양시설 서비스 보다 민간 복지를 선호하는 분들이 혜택을 누리고 있었다.

일본의 요양복지시설 운영시스템을 통해 인간 존엄을 바탕으로

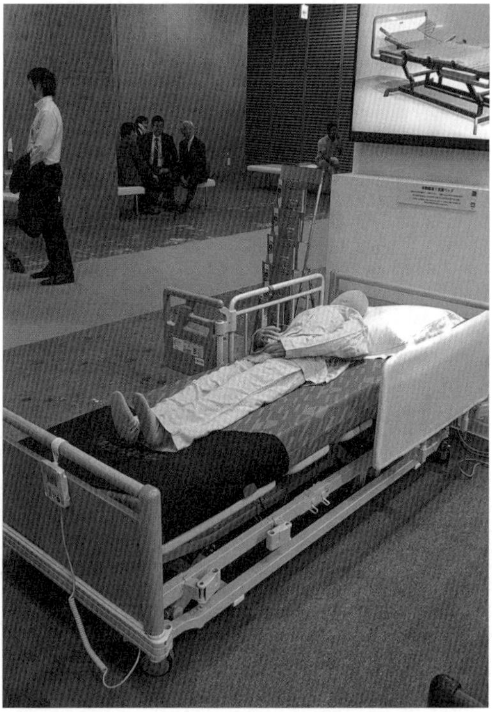

한 요양복지서비스를 알 수 있었고, 시설에서 거주하는 동안 재활 자활로 건강을 되찾아 가정으로 되돌아가는 것은 우리가 본받아야 할 부분이다. 한번 요양원에 입소하면, 돌아가실 때까지 시설에서 보호받아야 하는 구조를 가진 우리에게 인간 존중의 복지 관점에서 시사해 주는 바가 많았다.

셋째, 치매예방 및 상담, 조기진단, 치매가족을 지원하기 위한 치매안심센터를 효율적으로 운영하기 위한 체계 구축이 필요하다.

거제시는 치매안심센터를 준공하여 2018년 12월부터 운영해 오고 있다. 치매는 국가가 책임진다는 기조 아래 문재인 정부에서 적극 추진해 오고 있는 국정과제다. 또한 치매는 당사자뿐만 아니라 가족들의 경제적 · 정서적 고통이 매우 크게 작용한다.

치매안심센터는 치매 예방부터 관리, 처방, 돌봄 등 전반적인 치매 통합관리 서비스를 제공하여, 치매 중증화 억제 및 사회적 비용을 경감, 궁극적으로 치매환자와 그 가족들의 삶의 질 향상에 기여하게 된다.

거제시 보건소는 치매안심센터를 통해 치매환자 등록 및 상담관리와 치매치료비 지원, 치매 조기검진 및 예방관리사업, 치매환자 쉼터 운영과 치매가족 교육 및 자조모임을 추진해 나갈 계획이라고 밝히고 있다.

일본의 '모리노카제' 특별 양호노인홈의 4대 기본케어(수분 · 식사 ·

배변 · 운동)를 치매노인 관리 및 치료에 적용함으로써, 재활 자활중심의 운영방안을 마련하여, 현 정부의 국정과제인 재가복지서비스로 케어해 나갈 수 있는 운영시스템을 구축하여야 할 것이다.

넷째, 공공복지 전달체계에서 부족한 부분을 민간복지 영역의 확대를 통해 다양한 복지 욕구를 충족시킬 수 있는 시스템이 필요하다.

지역사회 중심의 커뮤니티케어가 본격화되면 공공복지의 중요성이 더해질 것으로 예측된다. 고령화가 가속화되는 시점에 노인 돌봄 서비스는 계속 늘어날 것이다. 또한 노인 돌봄을 위한 요양보호사 등 복지인력도 증가하게 된다. 요양보호사 처우 개선 및 사회적 지위향상 정책이 마련되어야 한다. 결국 노인 돌봄의 성과는 요양보호사 몫이기 때문이다. 정부의 정책으로 초고령사회 복지부문의 예산이 급격히 늘어날 수밖에 없다. 그렇다면 이를 극복할 수 있는 방안을 적극 모색해야 한다. 일본은 고령사회를 이미 겪었기 때문에 선진 노인요양복지시설을 구축해 낼 수 있었다. 그동안 고령사회를 극복해 내는 과정에서 많은 사회적 비용이 들었다. 이제 민간복지 영역을 찾아야 한다. 복지서비스를 구매하여 제공받는 것은 결코 복지후퇴가 아니라는 점을 인식해야 한다. 초고령사회 가장 큰 논쟁은 결국 사회적 비용을 누가 감당하느냐이다. 정부와 지방자치단체의 한정된 예산으로 불가능하다. 그렇다면 공공복지와 민간복지가 상호 견주어 나갈 정책이 강구되어야 한다. 주민의 삶의 질을 높일 수 있는 방안을 찾아야 하는 것이다.

우리의 경우 공공복지 전달체계에 많은 모순점을 가지고 있다. 복지예산은 급격히 증가했지만, 전달체계의 미흡으로 복지 사각지대는 해소되지 않고 있고, 전달체계를 구축하는 시간보다 더 빠르게 복지 수요가 늘어만 가는 악순환이 계속되고 있다. 이제 공공복지 영역으로만 시민들의 복지 수요를 다할 수 없다. 그렇기 때문에 일본의 민간복지 부분이 각광을 받고 있다. 일본의 노인요양복지시설을 둘러보면서 민간복지 영역의 확대는 불가피하다는 것을 절실히 느꼈다. 즉 공공복지 외에 민간이 영리를 목적으로 하는 복지가 필요한 시점이다.

거제에는 아직까지 코시하이무 치토세 센바시 프론트 3호동과 같은 고령자 거주 주택이나 커뮤니티 하우스와 같은 젊은 세대와 어르신들이 한 공간에서 함께 살아가는 복지시설이 없다. 고령사회가 진행될수록 이제 이러한 노인요양복지시설이 들어설 수 있도록 도시계획과 건축의 개념을 바꿀 필요가 있다. 시대의 변천에 따라 공공복지 영역 외 민간이 영리 요양복지시설을 운영할 수 있는 체계를 구축하여, 노년의 요양서비스를 다양하게 선택할 수 있도록 도시계획부터 건축 조례를 변경하고 민간 사회복지법인의 설립요건을 혁신하여야 한다.

에필로그

복지는 시대를 반영한다고 믿는다. 세계경기 침체와 더불어 닥쳐 온 조선산업의 불황이 깊은 터널의 늪에서 벗어나고 있다. 조선산업 비중이 큰 거제지역 경제가 다시금 희망의 서광이 비친 것이다. 그동안 신음을 앓던 지역경제가 기지개를 활짝 펴기를 바라고 있다.

지역경제 활성화와 사회복지는 불가분의 관계를 맺고 있다고 해도 과언이 아니다. 경제 불황은 거제시 세입재정에서 지방세 수입이 현저히 줄어들게 되고, 사회복지적 욕구를 해소하는 데 필요한 예산을 마련하기 어려워지게 된다.

고령화사회로 진입한 거제의 노인복지정책은 변화될 것이 분명하다. 지금보다 노인문제에 집중하여 욕구충족을 위한 예산을 투입하게 될 것이다. 이번 연수에서 일본의 요양복지시설을 집중하여 바라본 것은 우리에게 곧 닥치게 될 문제들이기 때문이다.

지방의회 의원들의 해외연수를 바라보는 시각은 다양하다. 제대로 된 의정활동을 펼치기 위해 선진문물을 익혀야 된다고 긍정적인 면을 보이는 시각이 있는가 하면, 시민의 혈세를 낭비하여 외유성 관광을 다녀왔다는 의구심을 갖고 비판하는 시각도 있다.

거제시의회가 시민을 위한 대의기관으로써 시민들로부터 위임받은 시정을 견제하고, 대안을 제시하는 의정활동을 펼치기 위해 선진문물을 체득하여 시정에 반영하게 하는 것은 매우 중요한 일이다.

다만 해외연수는 반드시 벤치마킹을 기본으로 해야 한다. 백문(百聞)이 불여일견(不如一見)이라고 눈으로 스캔(Scan)한 것으로 연수를 다녀와선 안 될 일이다. 시민의 혈세로 다녀오는 만큼 벤치마킹을 통해 문제를 개선하고 시정에 접목하여 효과가 있어야 하는 것이다.

연수를 다녀온 후 신발 끈을 질끈 동여맸다. 초고령사회 새로운 시각으로 거제시 사회복지정책을 바라보고자 한다. 이제 선진문물과 접하여 체감하게 된 모든 것을 시정에 쏟아내 접목하는 일만 남았다.

-새로움이 가득한 거제 옥포에서

논단 (2017.10)

4

무상급식이 거제시민 삶의 질 만족에 미치는 영향

제1절 연구의 배경과 목적

지방자치시대가 열린 지 26년의 세월이 흘렀지만, 현행 지방자치법은 여전히 반쪽 자치에 머무르고 있는 실정이다. 지방자치의 근간은 중앙으로부터의 지방분권과 주민참여인데, 중앙집권적 사고가 아직까지 지방자치를 훼손하고 있는 것이다.

지난 2010년 6월 2일 치러진 지방 동시선거의 복지논쟁 대두는 친환경 무상급식이 한 몫을 하였다. 경기도교육감 선거에서 김상곤 당선자는 초 · 중 · 고등학교 무상급식을 공약으로 내세웠다(김상곤, 2011). 또한 2011년 1월 곽노현 서울시교육감의 무상급식 시행과 오세훈 서울시장의 반대 대립으로 무상급식 논쟁이 정치권 전체로 쟁점화되어 뜨겁게 달아오르게 되었다(김경회, 2012).

경상남도의 무상급식은 2011년부터 실시되었다(유진숙 · 김원섭, 2015). 경상남도교육청과 경상남도 그리고 18개 기초자치단체가 상호 협력하여, 일정한 매칭 비율에 의해 점진적으로 추진하겠다는 확약에 의해서였다. 그러나 경남의 무상급식 정책은 2015년 4월 1일 무상급식이 전격적으로 폐지되면서 많은 논란을 불러일으키게 되었다(한겨레신문, 2015). 무상급식의 폐지는 명백히 주민들의 의사와 다른 것이었다.

전국 지방 동시선거에서 초 · 중 · 고등학교 전면 무상급식을 공약한 진보 성향의 교육감이 경남의 박종훈 후보를 비롯하여 서울, 경기, 강원, 광주, 전남, 전북 등에서 당선되었다. 진보 성향의 교육감이 대거 당선된 것은, 무상급식 전면 실시에 대한 영향도 있었을 것으로 추정된다. 경상남도지사 선거에 출마한 민주당 김두관 후보 또한 무상급식을 선거공약으로 내세워 당선되었다. 경남의 주민들은 교육감과 지사가 무상급식을 약속한 만큼 당연히 실현될 것이라 기대하였다.

경상남도교육청 고영진 교육감과 경상남도 김두관 지사는 당선된 이후, 2011년부터 단계적으로 무상급식을 확대 추진하는 로드맵을 밝혔다(경남도민일보, 2014). 2011년에는 도내 초등학교 4, 5, 6학년, 2012년 초등학교 1, 2, 3학년, 2013년 면지역 중 · 고등학교, 2014년 동지역 중학교, 2015년 동지역 고등학교로 무상급식을 단계적으로 확대해 나가는 계획이었다. 무상급식 로드맵이 최종 완성되는 2015년부터는 경남도내 전 초 · 중 · 고등학교에 무상급식이 실현되는 것이다.

경상남도의 무상급식 로드맵이 차질을 빚게 된 것은, 2012년 12월 실시되는 제19대 대통령 선거의 영향으로 시작되었다. 2010년 6월 2일 지방선거에서 당선되었던 김두관 경남도지사가 대통령 출마를 위해 주민의 의사와 달리 2012년 7월 7일 도지사직을 사퇴한 것이다. 김두관 경남도지사의 사퇴는 무상급식의 변화로 이어졌다. 2012년 12월 19일 대통령 선거와 동시에 실시된, 경남도지사 보궐선거에서 홍준표 후보가 당선되면서 무상급식은 새로운 국면을 맞이하게 되었다. 2013년과 2014년 무상급식 로드맵에 의해 단계적으로 확대해 왔던 무상급식을 2014년 12월, 경상남도교육청이 경상남도 감사를 거부했다는 이유를 들어 전격적으로 중단시킨 것이다(조선일보, 2015). 이는 전국에서 확산일로에 있던 무상급식을 폐지한 유일한 조치였고, 무상급식을 바라는 주민들의 의사를 외면한 처사로 후폭풍이 거세게 일어났다. 경상남도 무상급식 폐지 논란 사례는 지방자치의 근간인 지방분권과 주민참여가 얼마나 중요한지 시사하는 바가 매우 크다. 무상급식 사례를 살펴보면, 진정한 지방자치제도의 확립을 위해 중앙집권적인 지방자치법 개정이 절실함을 알 수 있다. 선별적 복지와 보편적 복지논쟁으로 비화된, 무상급식 폐지 논란을 통해 지방자치제도 성과를 살펴보고자 한다.

제2절 무상급식 제도의 의의

1. 학교급식의 시작

1981년에 최초로 학교급식법이 공포되어 학교급식의 제도적 틀이 마련되었으나, 실제로 학교급식의 확대는 저조하게 이루어졌다. 1991년에 전국 102개 특수학교에 대한 전면급식 실시 및 농어촌 소규모 학교의 공동조리급식제도가 도입되었다. 1993년부터 2002년까지의 기간동안 사회 · 경제적 토양과 여성의 사회진출 증가와 함께 학부모들의 학교급식 확대요구가 결실을 맺게 되어 학교급식이 급속도로 확대되었다. 1996년에는 위탁급식제도가 도입되고, 1998년에 초등학교 급식이 전면 확대되었고, 1999년에는 고등학교, 2002년에는 학교급식의 전면 확대를 지향하는 정부정책과 맞물려 중학교까지 확대되었다. 이후 2003년과 2006년에 위탁급식사고로 인해 법개정이 이루어져 학교급식은 직영급식을 원칙으로 하되 불가피한 경우에만 위탁급식을 허용하도록 하였다(최경수, 2012).

2. 무상급식 문제 대두

무상급식이 정치적 쟁점으로 부상하기 전까지 학부모 부담이 정치적 쟁점으로 부상하지 않았던 것으로 보이며, 학교급식과 관련해서는 주로 운영체제나 급식위생문제, 농산물과의 연계, 공동체 교육 등이 많이 논의되었고 논란이 되었다. 물론 학교급식과 관련하여 경제적 비용문제가 아무런 문제가 되지 않았던 것은 아니었지만, 그것은 주로 '가난한 학생들'에 대한 정부대책의 미진함을 지적하는 것으로 제기되었다. 참여정부가 2006년에 발표한 학교급식개선종합대책도 위탁급식의 직영 전환, 급식시설현대화 등 운영체제의 전환이나 위생문제개선에 초점을 맞추고 있으며, 학부모 부담분의 경감에 초점을 두고 있지는 않으며, 학부모 부담분 경감은 저소득층지원의 문제로 다뤄지고 있었다(남찬섭, 2012). 그러나 2000년대 후반 무상급식을 둘러싼 반대의 목소리가 나타나기 시작하면서 무상급식과 관련하여 정치쟁점화가 제기되었던 것이다.

3. 무상급식이 선거공약으로 점화

경상남도교육청의 경우 2010년까지 초등학교와 중학교의 완전 무상급식을 공약으로 당선된 고영진 교육감이 무상급식을 위해 총력을 기울이자, 이에 대해 무리한 선거공약의 추진이라는 반론이 제기되기 시작하였다. 또한 2009년 경기도교육청 김상곤 교육감이 취임한 이후, 무상급식 확대를 내용으로 하는 공교육 정상화 모형을 제시하면서 무상급식 논쟁은 더욱 확산되는 양상을 나타내게 된다. 경기도교육청과 경기도의회 간의 무상급식 예산을 둘러싼 논쟁과 갈등은 무상급식 예산 전액 삭감 이후에도 경기도 교육청의 초등학교 무상급식 예산안 상정과 경기도의회의 예산삭감이 2차례에 걸쳐 반복되면서 논란을 확대 재생산하였다. 이러한 과정에서 논쟁의 대상이 된 이슈는 무상급식에서 보편적 복지와 선택적 복지, 복지 포퓰리즘 등 전반적인 복지정책 방향에 관한 논쟁으로 확대되기 시작하였다(왕재선, 2012). 무상급식을 둘러싼 논쟁이 지속되는 과정에서 2010년 6월 지방선거 및 교육감선거에서 많은 후보자들이 무상급식 이슈를 채택하게 되고, 지방선거에서 최대 이슈가 되었다.

4. 무상급식의 법률적 의미

무상급식은 중앙정부에서 법률에 근거하여 추진했던 교육정책이 아니었다. 학교급식법(2013) 제8조와 제9조에서 학교 급식의 경비는 보호자가 부담하는 것을 원칙으로 하되 국가와 지방자치단체가 그 전부 또는 일부를 지원할 수 있다고 규정하고 있다. 경비를 지원해야 한다가 아니라 지원할 수 있다고 되어 있기 때문에, 국가나 지방자치단체의 의무가 아닌 것이다.

전국의 지방자치단체는 학교급식법을 근거로 학교급식 지원 조례를 제정하여 교육지원청에 급식비를 지원하고 있다. 그러나 거제시의회 사례에서와 같이 무상급식을 위한 조례 개정은, 상위 법령인 학교급식법이 정한 범위를 벗어날 수 없다. 그러므로 학교급식법 제8조와 제9조의 개정으로 무상급식을 시행할 수 있도록 하여야 한다.

경상남도의 무상급식정책 폐지 결정은 지방자치단체의 재정적 부담을 고려한 부분이 크다. 즉 무상급식에는 찬성하는 입장이지만, 국가 사무에서 교육정책으로 예산을 마련하여 추진하자는 것이다. 학생들에게 차별없이 무상으로 급식을 제공하는 것을 반대하는 것이 아니기 때문이다. 중앙정부가 책임져야 할 교육 사무를 왜 지방자치단체가 예산을 마련해야 하는가에 대한 반발적 요소가 분명히 있는 것이다.

빚더미에 앉아 있는 지방자치단체가 이자를 부담하는 것도 어려운 지경인데, 국가 사무인 교육지원청에 지방자치단체 예산을 지원해야 하는 모순은 처음부터 문제점으로 제기되어 왔다. 전국의 지방자치단체들이 친환경 학교급식 지원 조례를 근거로 무상급식정책을 추진해 온 것이 그 단적인 예다.

경상남도를 비롯한 18개 기초자치단체는 그동안 법률적 근거없이 무상급식정책을 추진해왔다. 급기야 2015년부터 아예 폐지하게 된 무상급식비 예산은 경상남도 서민자녀교육 지원 조례가 제정되면서 서민자녀교육이라는 전국에서 유일한 새로운 정책으로 바뀌게 되었다. 이는 18개 기초자치단체도 내용이 조금 다를 뿐, 거의 동일한 조례가 속속 제정되면서 무상급식정책은 서민자녀교육 정책으로 시행하게 되었다.

경상남도는 경남도교육청과의 학교급식 갈등을 겪으면서 학교급식 지원 조례 일부개정 조례안을 제출하였다. 개정의 핵심내용을 보면, 경남도교육청에 도지사가 지원한 급식 경비가 목적대로 사용되었는지 감사하도록 한 것이다. 기존 조례에 명시된 지도 감독에서 감사를 추가하고 이를 반드시 시행하도록 명문화 하는 것이다. 경상남도는 급식비 지원을 중단하면서 그 명분으로 내세운 것이 경남도교육청이 감사를 거부하였다는 점을 부각한 바 있다. 경남도교육청은 경상남도가 학교 급식비를 지원한 것이 감사 권한이 있는 것인지 헌법재판소에 권한쟁의심판을 청구하여 대립하기도 했다.

5. 무상급식 폐지 갈등

2010년 서울시에서는 오세훈 시장과 서울시의회, 서울시교육청이 무상급식정책 실시를 두고 극명하게 대립하였다. 이로 인해 무상급식 정책의 실시방안을 두고 주민투표가 실시되었다. 그 결과 선출직인 시장이 책임을 지고 임기 중 자리에서 물러나는 초유의 사태로 나타나게 되었다. 무상급식 사례는 단순히 우리 사회에 선별적 복지와 보편적 복지로의 이념 · 대립적 성격의 논의만을 가져온 차원을 넘어, 정책사례연구로서 상당히 많은 함의를 지닌 경우라고 볼 수 있다.

경상남도의 무상급식 폐지 논란은 사회적 갈등으로 치닫게 된 사례이며, 지방자치단체의 재정에 대한 주민들의 관심을 불러일으켰다. 지방자치단체의 재정 부족으로 인한 문제점을 살펴보면 다음과 같다.

첫 번째, 지방자치단체의 분권이 사무만 이양되었을 뿐, 예산편성에 관한 결정권한이 없다는 점이다. 여러 정부를 거쳐 오면서 지방분권이 가속화된 것은 사실이다. 많은 사무가 지방자치단체로 이양되었고, 계속 분권이 이루어지고 있다. 그러나 재정이 뒤따라오지 않아 중앙정부의 영향력이 날로 늘어나고 있고, 상대적으로 지방자치단체의 가용성 예산은 어려움이 겪고 있다.

노무현 정부에서 지방분권의 원칙으로 내세운 '선분권 · 후보완'이 아직도 지방재정 확보에 걸림돌이 되고 있다. 즉 사무이관은 이루어졌는데, 재정 확보는 이루어지지 않아 실질적 지방자치는 실행하기 어렵게 되어 있다. 지방자치단체의 책임확대에 따른 재정의 확보는 선택이 아닌 필수다. '선분권 · 후보완' 원칙은 과거 지방자치단체가 무능하고 비효율적이며, 시민사회의 성숙도가 높지 못하기 때문에 지방분권은 시기상조라는 반분권 논의에 대한 참여정부의 전투선언 이었다(허훈, 2008).

두 번째, 중앙정부가 지방자치단체의 예산결정에 미치는 영향력이 너무 강하다. 중앙정부가 일률적으로 예산을 편성해 놓고, 지방자치단체로 하여금 제반 조건을 갖추어 예산을 신청하게 하거나, 마치 중앙정부가 시혜적으로 베푸는 식의 예산편성이 이루어지고 있다. 그렇기 때문에 지방자치단체의 관료들은 매년 정기적으로 중앙정부의 예산을 따내기 위해 정부종합청사의 관료를 방문하거나, 정치인의 도움을 요청하는 등의 다각적인 노력을 기울이게 된다. 이는 과거 지방분권이 시행되기 이전의 모습과 유사한 것이다.

2016년 5월 29일 개정된 지방재정법 제21조(부담금과 교부금)는 지방자치단체나 그 기관이 법령에 따라 처리하여야 할 사무로서 국가와 지방자치단체 간에 이해관계가 있는 경우에는 원활한 사무처리를 위하여 국가에서 부담하지 아니하면 아니 되는 경비는 국가가 그 전부 또는 일부를 부담한다고 명시하고 있고, 국가가 스스로 하여야 할 사무를 지방자치단체나 그 기관에 위임하여 수행하는 경우 그 경비는 국가가 전부를 그 지방자치단체에 교부하도록 하고 있다. 또한 동법 제23조(보조금의 교부) 국가는 정책상 필요하다고 인정할 때 또는 지방자치단체의 재정 사정상 특히 필요하다고 인정할 때에는 예산의 범위에서 지방자치단체에 보조금을 교부할 수 있다. 특별시 · 광역시 · 특별자치시 · 도 · 특별자치도(이하 '시 · 도'라 한다)는 정책상 필요하다고 인정할 때 또는 시 · 군 및 자치구의 재정 사정상 특히 필요하다고 인정할 때에는 예산의 범위에서 시 · 군 및 자치구에 보조금을 교부할 수 있다. 제1항 및 제2항에 따라 지방자치단체에 보조금을 교부할 때에는 법령이나 조례에서 정하는 경우와 국가 정책상 부득이한 경우 외에는 재원 부담 지시를 할 수 없다.

세 번째, 지방자치단체에서 예산 결정에 대한 정치적 영향력이 크다는 점이다. 지방자치단체의 예산결정이 이루어지는 구조가 민주적으로 이루어지는 것이 아니라 자치단체장의 결정권한이 큰 구조로 되어 있다. 그렇기 때문에 집행부를 견제하기 위해 존재하는 시민의 대표기관인 의회의 의원이 시장에 종속되기 쉽다. 거제시 무상급식의 사례에서 나타났던 것처럼, 일부 의원들이 '거제시 학교급식 식품비 지원에 관한 조례' 개정안이 제출되었음에도 불구하고 의회에서 통과되지 못하였다. 일부 의원들은 시장의 눈치를 보고 있었고, 시장은 경남도지사의 눈치를 보고 있었기 때문이다. 이 또한 재정의 문제이다. 경남도지사의 의사결정에 따르지 않을 경우, 거제시는 경남도의 보조금 지원이 삭감되지 않을까 하는 우려가 있었다. 네 번째, 지역주민의 의사가 공식적으로 예산 결정에 반영될 수 있는 제도가 너무 약하다. 무상급식 추진 본부에서는 무상급식 재개를 위해 15,000명의 주민들이 서명하여 거제시에 전달하였다. 그럼에도 주민들의 의사가 시정에 반영되지 못한 것은, 민주주의의 원칙에도 위배되는 것이다.

2014년 기준 거제시에서는 무상급식비로 3,958백만 원을 부담하고 있었다. 이는 거제시 무상급식비 전체 예산인 10,555백만 원의 37.5%였다. 경상남도는 2,639백만 원(25%), 경상남도교육청은 거제시와 같은 3,958백만 원(37.5%)을 부담하는 것이다.

경상남도는 국가 사무인 교육에 지방자치단체가 70%를 부담하고, 국가기관인 교육청이 30%를 부담하는 것은 모순이라고 지적하고, 부족한 지방재정을 위해 지방자치단체와 교육청이 50:50으로 부담하자고 주장하였다. 실제 경남도교육청은 2015년 당초예산에 2013년 무상급식 부담액에 20%를 가산하여 책정하게 되었다.

제3절 경상남도 무상급식 폐지 논란

경상남도의 무상급식 추진은 2007년 거창군에서 시작되었다(문병효, 2015). 거창군은 관내 초 · 중 · 고등학교 학생들에게 친환경 무상급식을 실시하기 위한 예산을 자체적으로 마련하였다. 아이러니컬하게 무상급식을 중단한 홍준표 경상남도지사와 같은 정당 소속인 거창군 강석진 군수였다. 무상급식이 야권 진보 성향이 아님을 객관적으로 나타내 주는 증거다.

교육부의 '2015~2016년 시 · 도교육청 무상급식 실시현황 분석자료'에 따르면, 전체 초 · 중 · 고등학교 대비 무상급식 지원 비율이 67.6%(2011년에는 46.8%)로 나타났는데, 경남은 고작 24.3%에 불과한 것으로 나타났다. 또한, 경남의 무상급식 재원 분담률은 전체 예산 2,393억 원 중 88억 원(2014년에는 307억 원)으로 3.7% 수준이었다(김춘진, 2016).

선거에서 보편적 복지를 내세운 진보 성향의 교육감은 무상급식을 선거공약으로 내세워 당선되었다고 주장한다. 하지만 보수 진영에서는 이를 인정하지 않는다. 선거 결과를 놓고 보았을 때, 명쾌하게 입증된 사례가 없기 때문이다. 2011년 오세훈 서울시장이 주민투표 때문에 사퇴하긴 했지만, 투표함을 열어보지 못한 우리는 그 결과를 알지 못한다. 또한, 2014년 여러 진보 교육감들이 재선됐지만, 보수 교육감들도 당선됐기 때문에 일방적인 보편적 복지의 승리라 단언하기 어렵다. 여전히 선별적 복지는 위세를 떨치고 있다. 이건희 삼성그룹 회장의 손자도 무상급식을 받아야 하는가?라는 질문에 반박하기 어려운 힘을 갖고 있다. 부잣집 아이들에게 쓸 예산을 가난한 아이들에게 더 나눠주는 게 훨씬 더 합리적인 것 아니냐?”는 반문은, 주민들의 마음을 단숨에 휘어잡는다. 이런 수사법은 내가 낸 세금을 좀더 유용한 곳, 필요한 곳에 사용하고 싶다는 생각을 자극하게 된다.

전국의 초 · 중 · 고등학교에 급식시설이 마련되고, 전 학생이 식당에서 급식을 시행하게 되면서 중앙정부(보건복지부)는 국민기초생활보장법에 의한 수급자 가정에 복지정책의 일환으로 학교급식비를 전액 지원하였다. 그러나 중앙정부에서 지원해왔던 급식수혜가정 아이들이 낙인(Stigma)으로 작용하게 되었다. 급식수혜 대상자 외에도 급격히 생활형편이 어려워진 가정의 아이들도 급식비를 내지 못하는 경우가 발생하는 등의 부작용이 나타나기에 이르렀다.

교육적인 측면에서도 우리나라의 급식예산의 조달과 관리는 교육청이 관장하고 있다. 학교급식비 징수가 교사들의 업무는 아니지만, 교육청 업무이기에 일선 학교의 교사들이 거둘 수밖에 없는 구조이다. 교사들은 급식비를 지원받는 아이들과 급식비를 내지 못하는 아이들을 알게 된다. 또한 아이들 상호간에도 무료급식을 받는 아이들이 낙인(Stigma)이 되는 비교육적 현상이 나타나게 되었다. 이를 타파하고자 무상급식 실시는 해결해야 할 현안문제였다. 무상급식을 선거공약으로 가장 먼저 내세운 것은, 2009년 경기도 교육감 선거에 출마한 김상곤 후보였다. 그는 무상급식 전면 실시를 주장했고, 교육감에 당선되었다. 이후 진보 성향의 후보들이 무상급식 공약을 대부분 내세웠다.

거창군에서 처음 시작된 무상급식 바람은 남해군, 하동군 등 도내 전 지역으로 퍼져나갔고, 초 · 중 · 고등학교 전체 학생 44만여 명 가운데 약 64%에 해당하는 285,000여 명이 무상급식을 제공받았다. 경상남도교육청, 경상남도, 기초자치단체의 예산 매칭 비율은 30:30:40 이었다(경남도민일보, 2014). 이 비율은 무상급식정책이 폐지되기 전까지 그대로 유지되었다. 그러나 홍준표 도지사가 당선되면서 무상급식에 대한 정책이 바뀌게 되었고, 일선 학교와 기초지자체는 극심한 혼돈 속으로 빠져들었다. 경상남도는 경상남도교육청에 무상급식 지원예산을 감사하겠다는 논리를 펼쳤고, 경상남도교육청은 동급기관으로서 감사를 수용할 수 없다고 맞서며 갈등이 심화되었다. 결국 많은 논란 속에 주민들의 의사와 무관하게 2011년부터 단계적으로 확대 추진해왔던 무상급식 로드맵은, 경상남도와 18개 시 · 군이 무상급식 예산 전체를 보이콧하게 되면서 전면 중단되기에 이르렀다.

경상남도 무상급식 폐지의 배경은 정치적 · 법률적으로 여러 각도에서 살펴볼 수 있다. 홍준표 경남도지사는 김두관 전임 지사의 중도 사퇴에 따른 2012년 12월 19일 대통령선거와 동시에 실시된 보궐선거에서 당선되었다. 당시 선거관리위원회가 주관하는 경남도지사 보궐선거 후보자 초청 방송토론회에서 홍준표 후보는, 무상급식을 계속하여 추진하겠다는 입장을 밝혔었다. 그러나 경남도지사 당선이후 진보 성향의 경상남도교육청 박종훈 교육감과 무상급식 정책에 이견을 표출했다.

학교급식은 교육청에서 예산을 전액 마련하여 원칙적인 무상급식을 실시해야 한다는 취지로 지방자치단체에서 무상급식에 따르는 예산 70%를 감당하는 것은 재정운용에 큰 어려움이 있음을 밝혔다. 지방재정의 어려운 문제를 지적한 것이다. 그러면서 최소한 경상남도교육청과 경상남도를 비롯한 기초 지방자치단체의 예산 매칭 비율을, 50:50으로 할 것을 요청하였다. 그리하여 2014년 경상남도교육청, 경상남도를 비롯한 기초 지방자치단체의 매칭 비율은 50:20:30으로 수정하게 되었다(오마이뉴스, 2013).

경상남도교육청과 경상남도의 갈등으로 전국에서 유일하게 무상급식을 중단하게 되었고 이에 대한 비판이 쏟아졌다. 특히 정치권을 포함한 학부모단체와 시민사회단체의 반발이 거세지게 되었다. 2014년 2월, 경상남도는 한걸음 뒤로 물러나, 기 추진되어 왔던 무상급식 로드맵 그대로 학교급식을 시행하기로 하였다. 그러나 2014년 6월, 전국지방동시선거에서 재선에 성공한 홍준표 도지사는 2014년 11월, 돌연 무상급식 폐지를 또다시 주장하기에 이르렀다. 결국 선거를 의식하여 주민들의 반발을 무마시키기 위해 무상급식 로드맵을 현상 유지했다가, 선거가 끝나자마자 다시금 무상급식 폐지를 추진하게 된 것이다.

경상남도는 경상남도교육청에 9개 시 · 군(창원, 진주, 김해, 밀양, 거제, 양산, 함안, 창녕, 거창)의 2013년과 2014년 무상급식비 감사를 추진하겠다고 발표하였다. 이에 경상남도교육청은 경상남도의 감사가 헌법과 지방교육자치에 관한 법률 및 학교급식법에서 부여한 교육감의 학교급식에 관한 감사권한을 침해했다며 권한쟁의심판 청구소송을 제기하였다. 즉 경상남도의 감사요구는 무상급식 폐지를 위한 꼼수에 지나지 않는다며, 감사에 불응하는 입장을 취했다. 그러자 경상남도는 지원한 예산에 대해 감사를 받지 않으니, 더 이상 무상급식비 지원은 하지 않겠다고 발표하기에 이르렀다(경향신문, 2014). 결국 경상남도의 무상급식 정책은 보편적, 선별적 복지논쟁으로 불거지게 되었고, 주민들의 반발을 불러일으키게 되었다.

2015년 당초예산에 편성되었던 무상급식비는 18개 시 · 군 지방의회의 예산심의과정에서 예비비로 편성되었다가, 제1회 추가경정예산 편성 시 경상남도를 비롯하여 18개 기초자치단체에서 서민자녀교육비로 변경하여 예산을 집행하기에 이르렀다. 결국 많은 논란을 빚었던 경상남도의 무상급식은 홍준표 도지사의 의지대로 폐지되고 말았다. 당시 경상남도의 입장은 교육사무 자체가 중앙정부이므로 경상남도교육청에서 예산을 전액 편성하여야 하며, 지방자치단체의 재정이 부족하므로 무상급식을 계속하여 실시할 수 없다는 것이었다.

거제시의 이러한 움직임에 반발한 학부모와 시민단체는 4월 28일, '무상급식 원상회복을 위한 거제시민본부'를 발족하였다. 여기에 참여한 단체는 참교육학부모회 거제지회, 거제경실련, 어린이시민연대, 거제여성회, 녹색어머니회 등 10개 단체였고, 참가학교는

33개 학교(초등학교 27, 중 · 고등학교 6)의 학부모들 이었다. 이 단체와 학부모들은 동년 11월 17일, 거제시와 거제시의회를 방문하는 등 적극적인 주민참여의 모습을 보였다(거제뉴스광장, 2014). 거제시는 경상남도의 무상급식 예산 중단에 따라 이미 편성되어 있던 3,034백만 원과 경상남도 지원예산 1,575백만 원을 합한 4,609백만 원을 서민자녀교육지원사업으로 수정 편성하였다.

경상남도의회는 학교급식비 예산을 수정 편성하기 위해 2015년 4월 2일, '경상남도 서민자녀교육지원' 조례를 제정하였다. 그리고 경남 도내 18개 시 · 군에 서민자녀교육지원 조례를 제정하도록 하였다. 이에 거제시 교육체육과는 입법예고를 거쳐 거제시의회 5월 임시회에 제출하였다. 당시 경남 도내 조례를 제정한 시 · 군은 진주시, 창녕군, 합천군이었다. 거제시의회는 주민들의 반발을 의식하여 의장 직권으로 상임위원회에 부의하지 않았다. 거제시는 조례가 제정되지도 않은 상태에서 면 · 동 주민자치센터를 통해 2015년 3월 16일부터 서민자녀교육지원사업 신청 · 접수를 받기 시작하였다. 무상급식 원상회복을 위한 거제시민본부 관계자들이 4월 30일 거제시장을 재차 면담하였다. 이 자리에서 서민자녀교육지원사업을 중단하고, 경상남도의 무상급식 예산 중단과 관계없이 거제시 자체적으로 예산을 편성하여 무상급식을 계속해 주기를 요청하였다(거제뉴스광장, 2015).

학교급식비로 편성된 예산을 서민자녀교육비로 바꾸려는 꼼수에 18개 시 · 군 대부분 반발기류가 심했다. 가장 큰 논란은 거제시에서 일어났다. 서민자녀교육지원 조례 상정을 반대하는 청원이 끊임없이 나타났다. 2015년 9월 거제시의회 임시회에서 '거제시 서민자녀교육지원 조례'가 많은 논란 끝에 제정되었다(거제인터넷신문, 2015). 거제시는 서민자녀교육 지원사업으로 바우처사업에 1,575백만 원, 맞춤형 교육지원사업에 376백만 원, 교육여건 개선사업에 334백만 원 등 2,285백만 원을 편성하여 시행하게 되었다.

거제시의회에서 조례 개정을 통해 무상급식을 복원하기 위한 움직임도 있었다. 2015년 6월 11일, '거제시 무상급식 원상회복을 위한 거제시민본부'가 주도하여 10,205명의 주민들이 서명한 거제시의회 학교급식 식품비 지원에 관한 조례 개정을 위한 청원서가 거제시의회에 제출되어 부의안건으로 상정되었다.

'거제시 학교급식 식품비 지원에 관한 조례' 제1조(목적)에 명시된 '학교급식법 제8조 4항' 문구를 삭제하는 것과, 제3조(학교급식 식품비 지원) 1항 '시장은 학교급식에 필요한 경비를 예산의 범위에서 지원할 수 있다.'는 내용을 '지원하여야 한다.'로 개정하는 것이었다. 그러나 거제시 자체적으로 무상급식을 의무화하는 개정안은 심사 보류되고 말았다(거제시의회 속기록, 2015).

거제시는 주민들의 삶의 질 향상을 위해 사용해야 할 예산을 서민자녀교육비 외에 무상급식비까지 편성해야 하는 이중의 부담을 염려했던 것이다. 이렇듯 경상남도의 무상급식 폐지가 주민들의 삶의 질을 높여나가는 지방자치제도의 궁극적 목적보다 선별적 복지냐, 보편적 복지냐의 논쟁과 첨예한 대립으로 나타나고 만 것이었다.

제4절 무상급식정책과 지역주민 삶의 질 만족

1. 질적 연구 절차와 방법 소개

경상남도의 무상급식 폐지는 지역주민들의 삶의 질에 큰 영향을 끼친 주목할 만한 지방자치 사례 중의 하나이다. 지방자치는 근본적으로 주민들의 삶의 질 향상에 목적을 두고 있다. 무상급식 폐지로 인해 일반주민과 공무원, 그리고 무상급식 실시를 요구하는 시민사회단체 활동가를 중심으로 무상급식에 대한 지방자치단체의 결정이 그들의 삶의 질에 어떤 영향을 끼쳤는지를 심층적으로 조사하고자 하였다.

본 조사는 연구자가 질문내용을 가지고 인터뷰 방식으로 진행되었다. 조사기간은 2017년 9월에 실시되었다(부록 참조). 조사대상자 선정은 무상급식과 관련하여 업무를 수행하고 있는 거제시청 담당 공무원과 거제교육지원청 공무원 5명과 시민사회단체 활동가 5명, 그리고 무상급식 학생을 둔 학부모 5명이었다. 조사대상자의 인구사회학적 변인의 일반적 특성은 〈표 4-1〉과 같다.

조사대상자의 성별은 남성 1명(6.7%), 여성 14명(93.3%)이었다. 성별에서 여성이 차지하는 비율이 높았던 이유는 무상급식과 관련한 담당 공무원과 학부모, 시민사회단체 활동가 등에서 월등히 여성의 참여도가 높았기 때문이었다. 직업군은 다양하게 분포되었으나 공무원 5명(33.3%), 전업주부 3명(20%), 공공기관종사자와 임시직/자유업, 자영업이 각각 2명(13.3%)씩으로 나타났고, 회사원은 1명(6.7%)이었다. 소득은 350만 원~550만 원 미만이 6명(40%)과 550만 원~750만 원 미만이 5명(33.3%)으로 나타나 비교적 높은 수준이었고, 150만 원~350만 원 미만이 3명(20%), 750만 원 이상 응답자도 1명(6.7%)이나 되었다. 연령은 40대가 가장 많은 11명(73.3%)였고, 30대 3명(20%), 50대 1명(6.7%)이었다. 학력은 대졸이 11명(73.3%)로 나타났으며, 대학원 졸, 고졸이 가각 2명(13.3%)씩이었다.

〈표 4-1〉 조사대상자의 인구사회학적 일반적 특성

구분		빈도	비율	구분		빈도	비율
성별	남성	1	6.7	연령	30대	3	20.0
	여성	14	93.3		40대	11	73.3
직업	자영업	2	13.3		50대	1	6.7
	회사원	1	6.7	학력	고졸	2	13.3
	공무원	5	33.3		대졸	11	73.3
	임시직/자유업	2	13.3		대학원 졸업	2	13.3
	공공기관종사자	2	13.3	경력	경력 없음	5	33.3
	전업주부	3	20.0		5년 미만	2	13.3
소득	150~350만 원 미만	3	20.0		5~10년 미만	2	13.3
	350~550만 원 미만	6	40.0		10~15년 미만	3	20.0
	550~750만 원 미만	5	33.3		15~20년 미만	3	20.0
	750만 원 이상	1	6.7				
합계		15명	100%	합계		15명	100%

2. 질적 사례연구의 목적

주민들의 삶의 질 만족도 조사는 조사의 시기와 대상자, 지역적 환경에 따라 큰 차이를 나타낸다. 지방자치제도 시행이후 주민들의 삶의 질 영향은 여러 측면에서 바라봐야 하는 이유다. 선행연구에서 주민들의 삶의 질 만족도 조사를 살펴보면 알 수 있다. 그러나 설문지를 통한 양적인 조사의 한계가 있어 인터뷰를 통한 심층 질적 탐구의 필요성이 존재한다.

경상남도의 무상급식 폐지 사례는 주민들의 삶의 질에 영향을 끼쳤다는 요소가 있고, 지방자치단체의 정책결정과정 및 그 결과를 주민들은 어떻게 느끼고 있는가를 파악해 보는 것은 매우 적합한 지방자치 사례라고 할 수 있다.

본 연구의 목적은 무상급식 폐지로 인해 거제지역 주민들의 삶의 질 만족에 미친 영향에 관하여 알아보고자 한다.

질적 연구에서 신뢰성과 타당성은 양적연구에서 얻은 데이터 결과와는 의미하는 바도 다르고, 이를 확보하기 위한 방법 역시 다르다. 즉, 질적 연구에서 신뢰성과 타당성은 어떤 변수를 통제하거나 수치를 높임으로 해결되는 문제가 아니다. Strauss & Corbin(1998)은 근거이론을 이용하는 연구자가 자료수집과 분석 과정에서 유의해야 하는 것으로 객관성과 민감성 확보를 강조한다. 연구자는 자료수집과 분석 과정에서 스스로 자료 속에 몰두하면서 객관성과 민감성 사이의 균형을 유지해야 한다는 것이다. 여기서 객관성은 현상과 자료에 대해 공정하면서도 정확한 해석을 이끌어내기 위해 필요하고, 민감성은 자료 안의 미묘한 뉘앙스와 의미를 감지하고 개념 간의 관계를 깨닫기 위해 필요하다. Strauss & Corbin(1998)의 말처럼 객관성과 민감성을 동시에 유지하는 것은 쉽지 않은 문제인데, 그들은 자료에 대한 미묘한 뉘앙스와 의미를 감지함과 동시에 편견이 분석에 개입되는 것을 통제하는 기법으로 비교하여 생각하기, 복수의 관점 취하기, 다시 되돌아보면서 질문하기, 회의적인 태도 유지하기를 제시한다.

본 연구에서는 첫째, 무상급식 업무에 직접 관여했던 거제시청 공무원과 거제교육지원청 공무원, 무상급식 폐지 반대운동에 적극 참여했던 시민사회단체 활동가, 그리고 무상급식 폐지로 인해 직간접적인 영향을 받게 된 학부모를 대상으로 심층 인터뷰를 실시하여 상호 그룹 간 비교 · 분석을 하였다. 이러한 과정을 통해 주민들의 삶의 질 영향에 끼친 요소들을 찾아낼 수 있었다. 둘째, 무상급식과 관련한 질문을 공무원, 시민사회단체 활동가, 학부모그룹에 반복적으로 진행하여 지방자치 성과인식을 찾아내었다. 그 과정에서 주민들의 삶의 질에 영향에 끼친 요소들을 찾고, 각 그룹별 확연하게 드러나는 현상을 발견하는 데 초점을 맞추었다. 셋째, 무상급식 사례가 특정한 지방자치단체(경상남도 거제시) 주민들에게 어떠한 영향을 미치게 되었는지 공무원그룹과 시민사회단체 활동가그룹, 학부모그룹 상호 동일한 반응을 발견하여, 이를 객관화시키기 위해 노력하였다.

조사대상자의 심층 인터뷰 소요시간은 개인별 차이를 보였는데, 조사대상자의 반응에 따라 최소 20분에서 40분의 시간으로 차이를 보였다. 이는 연구자와 조사대상자 상호간 질적 연구에 대한 공감대형성과 사전 정보제공을 통해, 감정이입과 조사의 편견을 불식시키기 위한 것이었다. 또한, 연구진행의 일관성을 유지하기 위해 연구방법과 자료수집, 분석절차 과정 등에 대해 자세히 기술하였으며, 진행 과정에 대해 질적 연구방법론 전문가의 검토와 의견을 들었다.

3. 질적 연구의 분석 결과

(1) 전반적인 삶의 질 만족

본 연구의 조사에 응답한 대상자들은 삶의 전반적인 만족에서 대부분 불만족 9명(60%), 보통 4명(26.7%)으로 응답하였고, 만족한다는 응답은 2명(13.3%)에 불과하였다. 소득과 관련한 경제적인 만족에 대해 불만족 7명(46.7%)이었으며, 보통 2명(13.3%)과 만족 6명(40.0%)으로 나타났다. 생활지원제도에 대한 만족은 복지(10명), 의료(9명), 교육(9명), 여가(7명), 주거(4명) 순으로 불만족을 나타냈다. 지역사회 환경에 대한 만족도에서는 만족 11명(73.3%), 불만족 4명(26.7%)으로 대체적으로 만족 경향을 보였다. 또한 응답자들은 무상급식에 대해 잘 안다고 응답한 인원이 12명(80%) 이었고, 보통 2명(13.3%), 아예 관심이 없다고 응답한 인원은 1명(6.7%)에 불과하였다.

무상급식 제도운영에 대한 찬·반 의견에서는 찬성이 12명(80%)으로 다수를 차지한 반면, 반대 의견도 3명(20%)으로 나타났다. 찬성 측은 학교급식이 보편화한 현실에서 급식도 이제는 교육의 일환으로 전환되어야 하는 것으로, 교육현장에서 빈부에 의한 차별정책은 안되므로 보편적 복지정책이 실현되어야 한다는 입장을 보였다. 반대 측은 가정이 부유한 계층은 당연히 급식비를 지불하여 부족한 교육재정이 무상급식비로 전액 지출하는 것은 시기상조라는 입장으로 선택적 복지정책이 필요하다는 응답을 보였다. 무상급식을 반대한 3명(20%)은, 공무원 2명과 학부모 1명이었다.

"공무원이면서 학부모입니다. 무상급식에 대해 찬성하는 입장이고, 조금 개선해야 할 부분이 있습니다. 그것은 무상급식이 법률로 정해지지 않은 지방자치단체의 결정으로 이루어지고 있어 유동성이 많습니다. 지원 범위와 대상이 매년 달라질 수 있어서 업무를 수행하면서 가장 어렵기도 합니다. 법제화가 이루어지지 않아서 문제입니다." (찬성 'D' 공무원)

"저는 무상급식 반대입니다. 왜 반대를 하느냐 하면 국가에서 충분한 제도로 지원해 주어야 할 아이에게는 지원해 줘야 되고, 소득이 많은 계층은 아직까지 지원하지 않아도 된다고 봅니다. 교육재정이 한정되어 있는데 부자에게도 전면 무상급식을 하는 것은 형평성에 어긋난다고 생각합니다." (반대 'J' 학부모)

무상급식과 관련한 정보의 취득경로를 묻는 질문에 대부분 비공식 채널인 인터넷과 언론의 보도내용, 소셜 네트워크 서비스(SNS), 학부모 상호간의 교류에 의한 것으로 나타났다. 무상급식과 관련한 지방자치단체의 설명을 전혀 듣지 못했다거나 주민 공청회나 의견수렴을 위한 어떠한 공식적 과정도 없었다고 불만을 나타내었다. 무상급식 폐지 결정으로 이에 반대하는 의견을 건의했거나 무상급식 폐지 반대대책위원회의 참여에 대해서는, 공무원그룹 5명 전원은 참여하지 않았다고 응답한 반면, 시민사회단체 활동가 및 학부모그룹 10명 전원은 폐지 반대에 참여했다고 응답하여 매우 상반된 모습을 보였다. 참여형태는 무상급식 폐지 반대서명 운동에 참여하고, 소셜 네트워크 서비스(SNS)에 의견을 개진하였고, 직접 피켓시위에 참여하는 등 적극적으로 집회에 참석하는 행동을 보였다.

경상남도의 무상급식 폐지 정책결정에 대한 절차의 정당성에 대해 응답자 전원이 부정당했다고 응답하였다.

> "경상남도의 무상급식 정책결정 절차는 공무원들이 잘 지켰다고 생각합니다. 어느 행정기관이든지 절차의 정당성은 필요합니다. 그러나 절차 이전에 철학적인 공유가 너무 차이가 크기 때문에 무상급식 정책에 대한 공유나 합의가 이루어져야 하는데, 그 절차가 빠졌습니다. 행정에서 아무리 공정하게 업무처리를 하였다고 해도 정당하지 못한 것이라 생각합니다." ('F' 공무원)

"도지사 개인적인 정치적 이유가 정책결정에 영향을 주었다고 보고, 실제로 해당되는 수많은 당사자들의 의견 참여나 여론 반영을 하지 않았다고 봐야 되겠죠. 저는 결코 정당하였다고 보기가 어렵습니다." ('N' 시민사회단체 활동가)

"본래 무상급식 로드맵이 다 갖춰진 상태에서 이를 중단한다면, 주민들의 삶의 질에 영향이 미치므로 공청회나 설명 등이 필요한데, 그런 논의 없이 일방적으로 무상급식을 중단했기 때문에 정책결정 과정이 부정당했다고 보는 것입니다." ('M' 시민사회단체 활동가)

즉, 민주주의의 원리인 주민들의 삶의 질에 영향을 미치는 정책결정 과정에 설명회나 공청회 등을 통한 의견수렴 과정이 없었다는 것이다. 또한 이러한 의사결정 과정이 독단적으로 이루어졌다거나 도지사의 개인적 정치 행위로 끌고 갔을 것이라는 의견이 많았다. 학부모 중에는 국가 전체적으로 무상급식이 폐지되었다면 모르겠지만, 우리가 살고 있는 경상남도만 무상급식이 중단되었기에 거제시에서 살면서 억울하다는 생각도 가지게 되었다는 반응을 보이기도 하였다.

무상급식 폐지를 결정하는 과정에서 '지방자치제도의 원리가 적절했는가'에 대한 질문에 공무원 2명(13.3%)만이 적절했다고 응답하였고, 다른 응답자인 공무원 3명을 포함하여 시민사회단체 활동가와 학부모 전원인 13명(86.7%)이 부적절했다는 반응을 보였다.

"지방자치의 원리라는 것은 지방의 현안에 따라 달리해야 된다는 것이지 지방의 권력을 가진 사람이 마음대로 하라는 것이 아닙니다. 주민들의 의견을 듣고 정책으로 반영해야 하는데, 경상남도는 무상급식 폐지 정책을 우수사례라고 할지 모르겠지만, 저는 매우 잘못된 정책이었다고 봅니다." ('H' 시민사회단체 활동가)

"제 소견으로는 책임이 주민들에게도 있다고 봅니다. 보다 지방자치에 관심을 갖고 참여해야 하는데, 언론에서 무상급식 폐지 보도가 되면서 뒤늦게 뒷북을 친 경향이 있습니다. 적극적으로 우리의 의견을 내고 참여해야 한다는 것을 절실히 느꼈습니다." ('L' 학부모)

무상급식 폐지로 주민들의 삶의 질에 영향을 주었는가에 대하여, 학부모그룹 1명(6.7%)을 제외한 14명(93.3%)이 영향을 끼쳤다고 응답하였다. 삶의 질에 영향을 준 이유는 경제적 부담과 복지 후퇴라고 응답하였고, 무상급식 폐지가 삶의 질에 영향을 줄 만큼 경제적으로 큰 부담은 아니라는 일부 의견도 있었다.

경상남도의 무상급식 정책 결정이 향후 바뀌어야 하는가에 대한 물음에는 응답자 전원이 변화를 원했다. 학교급식법 개정으로 전 국민에게 동일한 혜택을 주어야 한다는 의견과 아직까지 이루어지지 않고 있는 동지역 중 · 고등학교 학생까지 무상급식이 조속히 이루어져야 한다는 주장이었다.

(2) 무상급식 사례로 살펴 본 지방분권의 영향

경상남도의 무상급식 폐지는 결국 지방재정의 문제로 귀결된다. 지방분권은 중앙정부와 지방자치단체 상호간 권한 및 권력의 배분을 의미한다. 권한 및 권력의 뿐이란 관점에서 볼 때, 지방분권은 몽테스키외(Montesquieu)의 입법권, 행정권, 사법권 등 수평적 3권 분립에 지방권을 더한 것이다. 즉 기존의 수평적 3권 분립의 국가체제에 수직적 권력분립을 적극 수용한 4권 분립형 국가체제로 나아가는 것이다(안권욱, 2017).

지방자치제도를 부활하여 시행한 지 26년이 지난 현 시점에서 중앙정부가 재정권을 독점하고 있고, 우리 헌법에 조세는 법률로 정한다는 조세법률주의로 인해, 지방자치단체는 과세를 위한 어떠한 조례를 제정할 수 없는 실정이다. 중앙정부 의존도가 높은 현실에서 무상급식 재원을 스스로 마련해야 하는 어려움이 뒤따르는 것이다.

헌정 사상 초유의 박근혜 대통령의 탄핵으로 2017년 5월 출범한 문재인 신정부가 '나라다운 나라', '국민이 진정한 주인'을 기치로 내세우고, 지방분권 개헌에 박차를 가하고 있다. 이는 중앙집권적 사고에서 벗어나 지방의 다양성과 창의성을 국가운영의 동력으로 삼겠다는 것으로, 취임 100일 기자회견에서 연방제 수준에 버금가는 강력한 지방분권 공화국을 만들어 실질적인 재정분권까지 이루겠다고 발표하였다.

이에 경상남도는 자치분권TFT를 조직하였고, 자치분권 자문단을 구성하는 등 혁신적인 자치실현을 위한 다양한 방안을 마련해 나가고 있다. 여기에는 제2국무회의 도입을 통한 지방의 의사전달, 중앙정부 기능의 대폭적인 지방이양과 자치분권의 제도기반을 위한 자치입법권, 자치행정권, 자치재정권, 자치복지권 등을 포함하고 있다. 또한 지방의회의 권한강화와 국세와 지방세의 비율 개선, 그리고 주민직접참여제도의 확대와 나아가서는 지방분권형 헌법 개정을 이루어나가고자 하는 것이다.

(3) 무상급식 사례로 살펴 본 주민참여의 영향

지방화시대 주민참여는 제도적으로 보장되어 있는 주민의 권리이다. 2013년 경상남도는 그동안 추진해왔던 무상급식을 폐지하였다. 그로인한 주민참여 형태의 경남도지사에 대한 주민소환운동이 추진되기도 하였다. 지방자치 수준에 대해 아직 미성숙 단계라는 것과 정착되지 않은 상태라고 주장하고 있다.

주민들은 무상급식 제도운영에 대해 대부분 찬성(93.3%)하였고, 보다 확대 시행하여야 한다는 응답이 많았다. 또한 경상남도의 무상급식 폐지 정책결정은 주민들의 의견수렴 없이 추진된 민주성이 결여된 정책이라고 입을 모았다. 주민참여가 결여된 정책결정에 반대의견을 제출하거나 직접 반대집회에 참여하여 구호 제창과 가두시위를 벌이기도 하였다. 이러한 직접참여 형태의 집단행동을 보여준 것이다.

지방자치단체의 재정자립도가 현저히 낮은 수준에서, 무상급식 재원을 지방자치단체 스스로 마련하는 것은 실로 어려운 일이다. 그렇다 하더라도 이미 무상급식 로드맵에 의해 추진되어 오고 있던 무상급식 정책을 일방적으로 폐지한 것은 큰 후유증을 남겼다. 지방자치시대 주민들의 의사에 반하는 정책은 풀뿌리민주주의의 근본을 저해할뿐더러 주민참여 정신을 훼손할 수 있음을 그대로 보여준 것이라 볼 수 있다.

(4) 소결론 및 논의

경상남도의 무상급식 사례연구는 공무원그룹 5명, 시민사회단체 활동가그룹 5명, 학부모그룹 5명으로 나누어 면대면 인터뷰방식으로 진행되었다. 조사대상자들은 경상남도의 무상급식 폐지가 삶의 질에 대부분 영향을 미쳤다고 응답하였다. 그것은 지방자치단체가 정책결정을 함에 있어서 주민들에게 의견수렴 과정을 거치지 않고 중앙집권제와 같은 방식으로 무리하게 추진한 것에 반발을 불러일으켰다. 지방자치제도는 근본적으로 지방분권과 주민참여가 핵심이다.

경상남도의 무상급식 사례연구를 통해 주민들의 삶의 질에 영향을 주는 요인을 제시하고자 한다.

첫 번째, 무상급식 예산은 국가 사무인 교육비 예산과 동일하게 원칙적으로 중앙정부가 책임감 있게 마련하여 추진해야 한다. 지방자치단체의 재정자립도는 전국 평균 53.7%로 나타났다(행정자치통계연보, 2017). 이것도 서울을 중심으로 한 수도권의 몇몇 지방자치단체를 제외하고는 재정자립도가 형편없는 실정이다. 지방재정자립도가 낮은 현실에서 지방자치단체에 국가 사무에 대한 과도한 예산 분담은 정책결정의 한계에 부딪히고 있다. 현실적으로 경상남도를 비롯한 기초 지방자치단체가 무상급식 로드맵에 의한 전면적인 정책추진에 근본적인 문제가 대두되고 있는 것이다.

두 번째, 지방자치 발전을 가로막고 있는 현행 지방자치법 개정에 적극 나서야 한다. 전국 시 · 도의회 의장협의회는 지방자치를 저해하는 지방자치법 개정에 인식을 같이하고, 법 개정안을 마련하여 국회에 입법제안서를 제출한 바 있다. 문재인 신정부가 출범하여 연방제 수준의 지방분권을 주창하고 있으므로, 국회 헌법개정특별위원회 활동과 맞물려 지방자치법 개정에 탄력을 받을 것으로 기대한다.

지방자치법 개정의 주요 내용은 제1조에 국가와 지방자치단체 사이의 '기본적인 관계'를 '수평적이고 협력적인 관계'로 수정하고, 종합적 지방분권 추진을 위해 대통령 소속으로 중앙 · 지방협력회의를 설치하는 안을 포함하여, 지방자치법 전체 157개 조문 중 38개조를 개정하고 17개조를 신설하는 내용이다.

이번에 마련된 지방자치법 개정안은 법 조항의 개정과 신설이 많은 것은 1949년에 제정된 지방자치법이 현대의 변화속도가 빠른 지방자치시대에 부응하기 위해서는 대대적인 손질이 필요하였기 때문이었다.

특히 지방자치단체의 재정 확보를 위해 지방재정 운영 원칙을 지방자치단체의 사무 범위내로 하고 국가 사무의 지방자치단체 이양 시, 그 사무 수행에 필요한 재정지원을 보장하도록 하였다.

지방자치시대의 무상급식 폐지 정책결정과정에서 나타난 주민들의 삶의 질 영향은 경제적 만족, 지역사회 만족, 생활여건 만족에 그대로 나타났다. 조사대상자들은 무상급식을 바라보는 관점을 교육적 측면에서 선택적 복지보다는 보편적 복지를 원하고 있고, 주민의사를 반하는 정책에 스스로 참여하는 양상을 보여주었다. 지방자치제도의 성과 측면이 높아지면, 결국 지방자치의 목표인 지역주민의 삶의 질 만족으로 이어지는 것이다.

본 연구를 통해 공무원그룹과 시민사회단체 활동가와 학부모 그룹이 동일한 반응을 보인 부분은 무상급식 폐지가 주민들의 삶의 질에 영향을 주었다는 부분이다. 그리고 그룹별 확연히 다른 부분은 무상급식정책이 정당했는가에 대해서였다. 공무원그룹은 무상급식 실시에 대한 재정 부담을 염려하고 있었고, 학부모 그룹과 시민사회단체 활동가 그룹에서는 도시지역 중 · 고등학교까지 무상급식을 확대해야 한다는 응답이 많았다. 이러한 결과는 앞선 설문조사에서 나타난 지역주민의 경제적 만족과 유의한 결과와 일치한다.

후기

2023년 무상급식이 전면 시행되고 있는 시점에서 5년 전 일을 다시금 상기해 본 논단이다. 물론 아직도 무상급식에 대한 논쟁은 끝나지 않은 과제다.

2017년 뜨거웠던 열망으로 지방자치법 전부개정안이 2020년 12월 9일 국회를 통과했다. 자치분권 역사의 새로운 출발점이 시작됐다. 지방의회 인사권 독립과 정책지원관 채용도 이루어졌다. 시정과 의회에 주민참여 확대를 위한 다양한 제도가 운영되고 있다. 그러나 아직 반쪽에 불과하다. 분권자치의 근간은 주민참여를 확대하는 일이다. 주민주권시대를 앞당기는 힘은 주민이다. 주민참여 없는 분권자치는 사상누각에 불과하다.

거버넌스는 민관협치다. 누구도 거스를 수 없는 민주화의 길을 비추는 등불이다. 주민들이 항시 바라보고 있다. 나는 이 등불을 지키는 힘이 주민뿐이라고 단언한다.

■ 참고문헌

강은희 (2011), 무상급식에 관한 교직원 인식 연구, 상지대 석사학위논문.

거제시의회, 제177회 임시회 총무사회위원회 속기록, 2015. 7. 2

김경회 (2012), "무상급식을 둘러싼 서울특별시장과 교육감 간의 갈등 분석", 교육정치학연구, 19(1), 1-28.

김민희 (2012), 울산광역시 무상급식에 대한 교직원 및 학생의 인식도 연구, 울산대학교 석사학위논문.

김상곤 (2011), 무상급식의 의미와 효과, 그리고 보편적 복지국가, 사람과 정책, 여름호, Vol.2 I: 136-147.

남찬섭 (2012), 무상급식과 보편복지논쟁, 한국사회복지정책학회.

문병효 (2015), 사회복지재정의 부담주체에 관한 소고, 사회보장법학, 4(1), 55-94.

왕재선 (2012), 정책이슈 확산의 정치과정: 무상급식 논쟁 사례를 중심으로, 한국정책학회 춘계학술발표논문집, Vol. 2012, 3-33.

유진숙 · 김원섭 (2015), 지방정부 복지정책과 정당, 한국정치학회보, 49(4), 363-389

최경수 (2012), 민선5기 지방선거 이후 지방정치 갈등요인에 관한 연구 - 무상급식과 관련한 서울시 및 경기도 사례를 중심으로, 서울대학교 행정대학원 석사논문.

학교급식법, 법률 제11771호. 2013. 5. 22. 일부 개정, 교육부 (학생건강안전과).

행정자치 통계연보 (2017).

Strauss, A. & Corbin, J (1998). *Basics of Qualitative Research: Grounded Theory procedures and Techniques* (2nd ed.)

[언론보도]

거제뉴스광장, 학부모단체, 교육장과 '무상급식' 면담, 2014. 11. 16.
거제뉴스광장, 거제시 '서민자녀교육지원 조례안' 왜 상정했나?, 2015. 5. 15.
거제인터넷신문, 거제시의회, 서민자녀교육지원 조례, 뜨거운 감자, 2015. 5. 13.
경남도민일보, 김두관 고영진 약속 홍이 깼다. 무상급식 추진과정, 2014. 10. 31.
경향신문, 경남도 무상급식 감사, 경남교육청, 권한쟁의 심판 청구, 2014. 11. 10.
오마이뉴스, 아이들 무상급식, 정치적 잣대로 흔들려선 안돼, 2013. 12. 2.
조선일보, '홍, 경남 교육청이 무상급식 감사 거부하자 지원 중단', 2015. 3. 14.
한겨레신문, 홍준표 내달 무상급식 폐지, 경남급식비 내야 밥 먹는다. 2015. 3. 9.
김춘진, 보도자료: 무상급식 본격 추진이래, 실시율 최초 감소, 2015년 각 급별 시·군·구별 무상급식 실시현황. 2015. 3. 2.

■부 록

무상급식 사례 조사대상자 현황

구분	조사 대상자	조사 일시	조사 장소
A	거제시청 교육담당 공무원	2017. 09. 10	거제시청
B	거제 시민사회단체 활동가	2017. 09. 10	거제시 공공청사
C	거제지역 학부모	2017. 09. 10	거제시 공공청사
D	거제교육지원청 공무원	2017. 09. 12	거제교육지원청
E	거제교육지원청 공무원	2017. 09. 12	거제교육지원청
F	거제교육지원청 공무원	2017. 09. 12	거제교육지원청
G	거제교육지원청 공무원	2017. 09. 12	거제교육지원청
H	거제 시민사회단체 활동가	2017. 09. 15	거제청소년센터
I	거제 시민사회단체 활동가	2017. 09. 15	거제청소년센터
J	거제지역 학부모	2017. 09. 22	거제 옥포 상점가
K	거제지역 학부모	2017. 09. 22	거제 옥포 상점가
L	거제지역 학부모	2017. 09. 22	거제 옥포 상점가
M	거제 시민사회단체 활동가	2017. 09. 25	거제시 공공청사
N	거제 시민사회단체 활동가	2017. 09. 26	거제청소년센터
O	거제지역 학부모	2017. 09. 27	거제 옥포 상점가

5

전기풍 의정활동 24시

깨어있으라!

지방의원은 주민주권시대 풀뿌리 민주주의의 선봉에 서야 한다. 지방자치가 부활하여 시작된 지 32년이 흘렀다. 우리가 원했던 민주화는 과연 이루어지고 있는가!

전기풍은 지난 2010년 제5회 전국동시지방선거를 통해 지방의회에 진출했다. 그 후 제6회, 제7회, 제8회 전국동시지방선거에 당선되어 거제시의원과 경남도의원으로 활동하고 있는 현직 지방의원이다.

지방의회회관 본회의장은 민주주의의 상징이자 민의의 전당이다. 이곳에서 주민들의 삶의 질을 높이는 정책과 예산이 결정되고 있다. 주민들의 바람이 삭여 있고, 의원들의 열정이 샘솟는 곳이다.

전기풍은 지방의회 의원으로서 민의의 전당에서 수없이 많은 목청을 높였다. 그 목소리를 생생하게 전달하고자 한다. 깨어 있기 위하여.

경남의 거버넌스 전도사

◇◇◇◇◇◇

"주민주권시대 행정 전반에 주민참여가 더욱 확대되어야 하며, 지방자치법 개정과 함께 분권자치를 향한 거버넌스는 동반자가 되어야 합니다. 거버넌스 행정체계 구축으로 주민들의 목소리를 경청하여 정책 입안단계부터 접목해야 풀뿌리 민주주의를 실현할 수 있습니다. 전기풍은 거버넌스 전도사 역할을 톡톡히 해내겠습니다."

- 제1회 거버넌스지방정치대상 수상 소감

문학소년, 거제에 둥지를 틀다

경남 거제는 장구한 역사문화와 천혜의 자연경관을 갖춘 관광도시다. 지구촌 오대양을 향해 나아가는 대한민국 조선산업의 메카이기도 하다. 어릴 적 문학소년이 대우조선에 노동자로 일하던 청년시절, 나의 인생을 바꾸는 뜻하지 않은 계기가 있었다. 우연히 방송을 시청하다가 백혈병으로 투병 중인 어린이의 안타까운 사연을 접하게 되었다. 벌써 35년 전의 일이다. 백혈병은 결코 불치병이 아닙니다! 라는 캐치프레이즈를 내걸고 백혈병소아암 어린이를 후원하는 단체를 만들었다. 투병 중인 환아와 그 가족들을 돕기 위한 후원회 활동을 하게 된 것이다. 1989년 창립한 새싹의소리회가 지금까지 활동해 오고 있고, 나는 2000년 회장의 중책을 담당하였다. 사단법인 한국백혈병소아암협회 창립에도 힘을 모아 4년 동안 법인의 감사를 역임하기도 하였다. 백혈병소아암 어린이를 후원하게 되면서 도움이 필요한 이웃을 위해 힘을 보태는 자원봉사활동으로 이어지게 되었고, 나의 삶 이정표 방향을 바꾸는 계기가 되었다.

뜻이 있는 곳에 길이

지난 30여 년을 되돌아보면 대우희망90s자원봉사단과 나눔기술봉사회, 참사랑복지회, 다물단 등 여러 봉사단체에서 임원으로 활동하게 되었고, 거제시자원봉사단체협의회 기획편집국장으로 지역사회복지에 깊이 관여하게 되었다. 그러던 중 2005년 장승포청년회의소(JC) 회장에 취임하면서 청년으로서 지역사회의 다양한 문제를 접하게 되었다. 또한 청년운동을 통해 스스로 자기계발과 헌신봉사를 배우게 되었다. 사회의 가장 낮은 자리를 돌아보며 이웃을 위한 봉사가 인생의 가장 아름다운 사업임을 깨닫게 된 것이다.

그저 평범한 직장인으로 회사 업무에 충실하고 가족을 보살피며 이웃과 정겹게 어울리는 삶을 꿈꾸었던 전기풍 의원은 여러 봉사단체 활동을 하며 혼자만의 행복이 아닌 더불어 살아가는 아름다운 공동체를 이루기 위해서는 정치를 해야겠다는 결심을 하게 되었다. 어떻게 하면 이웃들이 행복할까? 지역사회 발전을 위해서는 어떻게 해야 할까? 주민의 삶의 질을 높이기 위해선 무엇이 필요한가? 이러한 고민들이 결국 지방의회에 진출하게 된 배경이 되었다.

위기에 처한 가정 지켜내

지방의원의 의정활동은 지역사회의 문제점을 신선한 눈으로 꿰뚫어 보는 시각이 중요하다. 지역사회 다양한 문제해결을 위해 접근하는 방법을 어떻게 정하느냐에 따라 해결의 실마리를 풀어낼 수 있기 때문이다. 주민들의 민원은 사소한 부분들이 대부분이다. 간혹 민원 해결에 예산이 수반되는 경우, 집행권이 없는 지방의원으로 난감한 상황이 연출될 수 있다. 특히 예산 문제를 혼자서 주민들의 욕구를 해결해내기란 어려운 과제다. 그러나 주민에게서 가장 많이 듣고 제기되는 민원들은 대개 생활 속에서 겪는 일상적인 부분들이 많고 소소한 것들이 대부분이기에 부지런함이 베여 있다고 한다. 복잡하게 제기된 민원을 단순화하여 찬찬히 들여다보면 해결할 수 있는 지혜가 찾아지기 마련이다. 지방의원으로서 주민들과 약속한 바를 지키는 매니페스토 정신을 늘 가슴속에 두고 의정활동을 하고 있다. 2015년, 2020년, 2022년 세 차례 매니페스토 약속 대상을 받게 된 것도 우연이 아니다.

"주민주권시대를 앞당기기 위해서는 주민들의 목소리에 귀를 기울여야 합니다. 주민들이 요구하는 지역사회 각종 민생 현안 문제를 해결하는 것이 가장 큰 보람입니다."

거제시 아주동에서 일어났던 등굣길 장애인 모녀 교통사고 가정을 도왔던 일이 기억에 남는다고 한다. 지난 2013년 5월 7일, 거제 애광학교에 다니는 자녀의 등교를 돕기 위해 어린 자녀의 손을 잡고 횡단보도를 건너던 순간, 신호를 무시하고 달려든 덤프트럭에 치여 엄마는 사망하고, 아이는 중상을 입는 대형교통사고가 발생하였다. 인근 아파트에서 어렵게 살고 있는 가정이지만 자녀를 셋을 둔 가정으로 단란하게 살아왔던 이웃이었다. 그러나 애석하게 가장인 아빠는 담도암 수술을 받고 요양 중에 있어 가정형편이 매우 어려웠다. 자칫 한 가정이 무너질 수 있는 상황이었다. 긴급히 거제시 사회복지협의회를 중심으로 모금운동을 펼치기로 의견을 모았고 언론에 사연을 전했다. 전국에서 온정이 물결이 답지해 한 달 동안 약 4억 5천여만 원을 전달하게 되었다.

"한 가정의 슬픔을 위로하는 일은 나의 생명만큼 소중하다고 느꼈습니다. 생면부지의 한 가정을 살리기 위해 11,000여 명이 성금을 보내 주셨습니다. 성금으로 중상을 입은 어린이의 치료비를 보탤 수 있었고, 남은 금액을 경상남도사회복지공동모금회와 협약하여 농협중앙회에서 매달 생활비를 지급할 수 있도록 해놓은 것이 지방의원으로서 가장 큰 보람으로 기억하고 있습니다."

거제를 어떻게 살릴 것인가?

거제시 지역경제의 양대 축은 관광산업과 조선산업이다. 거제 미래 100년을 바라보면 김천에서 이어지는 남부내륙철도와 장목 인근에 가덕신공항이 건설되고 있다. 국도 5호선을 통해 창원시 구산면과 이어지고 남해안 아일랜드 길과 연결될 것이다. 통영에 멈춰선 고속도로가 연초면 송정리 국지도 58호선과 연결하면 국도 승격도 가능해질 것이다. 거가대교 통행료 또한 국도 승격으로 이어지면 국가 재정이 투입되면서 통행료 인하를 이룰 수 있게 된다. 이처럼 거제의 미래는 밝다. 지역경제를 살리기 위한 방안을 2017년 발간한 지방의원 지산의 「끝없는 도전」에서 밝힌 내용을 요약해보면 명확하다.

조선해양플랜트산업 활성화

최근 국내 조선소들이 독점해왔던 해양플랜트 시장에 중국 및 싱가포르 국가 조선소들이 진출하고 있다. 이들이 조선강국 대한민국을 제치고 낮은 가격으로 해양플랜트 프로젝트를 수주한 것은 악재가 아닐 수 없다. 국내 조선소들이 과거 상선 위주의 생산에서 세계경기 침체로 물동량이 적어지면서 수주가뭄에 직면하자 해양플랜트 시장으로 눈길을 돌리게 되었다. 그러나 해양플랜트 프로젝트 생산은 결과론적으로 일감은 대폭 늘렸지만, 대규모 적자를 기록하고 말았다.

중국과 싱가포르보다 우리나라 조선소들이 조금 더 앞선 기술력을 바탕으로 그동안 쌓아온 축적된 경험은 해양플랜트 시장에서 우위를 점할 수 있다. 해양플랜트산업은 미래 먹거리 산업으로써 블루오션이다. 그동안 적자는 큰 수업료를 지불한 것이다. 투자를 통해 얼마든지 국제경쟁력을 높여나갈 수 있는 것이다.

"해양플랜트 프로젝트는 1,000조 이상의 시장입니다. 인류가 가스를 에너지로 사용하는 한 해양플랜트는 블루오션으로 지속되는 것이죠! 대한민국 조선소들이 가지고 있는 경쟁력은 해양플랜트 시장에서 단연 우위를 점하고 있습니다."

거제에는 해양플랜트산업을 견인해 줄 해양플랜트산업지원센터가 자리하고 있다. 지난 2017년 417억 원을 투입하여 종합 연구동, 다목적 시험동, 복지후생관 등을 조성하여 1단계 준공을 가진 바 있다. 향후 2단계, 3단계 사업을 통해 연구동, 평가 시험동이 들어서게 된다.

해양플랜트 생산기지도 거제 사곡만에 추진되고 있다. 2014년 12월 거제해양플랜트 국가산단 개발이 확정되었고, 2017년 2월 해양수산부 중앙연안관리심의회와 2018년 1월 국토교통부 중앙산업단지계획심의회를 통과되어 많은 진척을 보였다. 그러나 산업단지 승인권을 갖고 있는 국토교통부가 사업시행 특수목적법인(SPC)에 대우조선해양과 삼성중공업 등 대기업 참여가 확정돼야 승인을 해주겠다는 해괴한 조건을 붙여 승인이 보류된 상태이다.

"정부는 해양플랜트산업이 미래 먹거리라는 것을 잘 알고 있습니다. 68개 정부 각 부처와 지방자치단체가 절차를 거쳐 승인했습니다. 그런데 국토교통부가 새로운 조건을 붙여 승인을 보류하고 있는 것은 있을 수 없는 일입니다. 산업경쟁력을 높이는 일에 발목 잡아선 안 되죠!"

해양플랜트산업은 세 박자를 맞추어야 경쟁력을 발휘할 수 있다. 생산기지 역할의 해양플랜트 국가산단, 연구개발 기능을 하는 해양플랜트산업지원센터, 해양플랜트 전문인력육성이 그것이다. 이 세 가지를 묶어 해양플랜트산업 클러스터 구축이라고 한다. 거제는 세계적인 종합중공업체인 대우조선해양과 삼성중공업이 자리하고 있는 조선산업 기업도시인 만큼 지역경제 활성화를 위해 꼭 필요한 부분이다.

"정부가 해양플랜트산업에 대한 비전을 가지고 꼭 실현해야 할 부분이 전문인력육성입니다. 거제의 유일한 지역대학인 거제대학교가 해양플랜트 특성화대학으로 지정돼 있고, 폴리텍대학처럼 전문인력을 중점적으로 육성할 직업훈련 인프라가 구축되어야 경쟁력을 높이게 될 것입니다."

관광산업 활성화

거제는 사면이 바다인 섬이다. 섬이 가진 천혜의 자연경관을 자랑하고 있다. 그러나 한려해상국립공원, 수산자원보호구역, 자연공원법, 문화재보호법 등 각종 법으로 개발이 제한되어 묶여 있다. 거제관광은 해금강, 외도, 바람의 언덕을 비롯한 비경을 즐기는 관광객과 최근 붐을 일으키고 있는 요트와 윈드서핑 등 해상체험 레포츠, 온화한 기후로 휴양지로서 해수욕장과 47년 만에 개방된 대통령 별장이 있는 저도 등이 각광을 받고 있다. 또한 거제지맥을 중심으로 한 트레킹 코스와 바다의 정경을 보며 걷는 섬앤섬 길도 힐링코스로 유명세를 타고 있기도 하다. 여기에 문화역사를 중심으로 한 거제도포로수용소, 옥포대첩, 칠천량해전공원과 계절별로 개최되는 축제도 관광객을 끌어들이는 요소가 되고 있다. 그러나 관광객의 패턴 변화에 능동적으로 대처하지 못하면 관광도시가 무색해질 수 있다. 한번 방문하였던 절경지는 매력이 떨어질 수 있고, 역화문화 관광지 및 축제 행사 또한 반복하다 보면 관광객은커녕 거제시민들조차 외면하기 때문이다. 이러한 문제를 극복하기 위해 관광 패러다임을 적극 활용해야 한다. 거제의 관광산업을 획기적으로 변화시킬 수 있는 방안으로 해양관광특구 지정을 꼽고 있다.

"거제관광 인프라 확충을 위해 해양관광특구 지정이 절실합니다. 제가 거제시의회 의정활동 중 거제시 관광산업발전 특별위원회 활동 결과 보고서에 제시해 놓았습니다. 최근 각광받고 있는 마이스(MICE) 산업 등 관광패턴 변화에 환호할 수 있는 정책을 만드는 데 최선을 다하겠습니다."

이 시대 지방의원의 소명

진정한 지방자치시대를 이끌어나가기 위해서는 주민참여와 자치분권이라는 두 개의 큰 기둥이 작동돼야 한다. 이 시대 지방의원들의 소명은 분권자치를 열어나가는 주체라는 신념이다. 지방자치시대를 맞이하여 주민주권 회복과 풀뿌리 민주주의를 실현하는 일에 몰두해야 한다.

> "지방자치단체장을 주민들의 손으로 선택한 지 28년이 흘렀습니다. 그동안 관선에 비해 많은 변화가 일어났습니다. 주민들이 시정에 참여하는 폭을 거버넌스로 과감하게 확대해야 합니다. 그것이 민주화의 큰 선물이자 물줄기라는 것을 한시도 잊어선 안 됩니다."

지방자치시대 관선에 비해 지방자치단체장의 권한이 확대되었다. 지방의회가 주민의 편에서 견제 역할을 하고 있지만, 지방의원들의 역할과 책임감이 높아지고 있는 것도 현실이다. 32년 만에 전부 개정된 지방자치법으로 분권자치가 강화되는 시기에 거버넌스 구축은 매우 중요하다.

> "거버넌스 행정체계 구축은 주민주권시대 선택이 아닌 필수입니다. 주민들의 삶의 질을 높이기 위한 다양한 욕구를 충족시키기 위해서는 거버넌스가 생명입니다. 거버넌스를 통해 풀뿌리 민주주의를 실현하는

그 날까지 멈추지 않겠습니다."

거버넌스 시대 활짝 열려

거버넌스는 민주주의를 실현하는 도구다, 거버넌스 행정체계가 구축돼야 주민들의 참여 폭이 더욱 넓어질 것이라 확신한다.

"정책을 함께 의논하여 결정하는 것이 거버넌스입니다. 지방자치시대 민주주의 정책실현을 위해 민관이 함께 참여하는 것이 진정한 거버넌스입니다. 민관 파트너십으로 하나가 돼야 제대로 된 민주주의 사회로 나아갈 수 있는 것이죠!"

주민참여를 활성화하는 거버넌스 행정체계 구축으로 정책의 주요 결정 주체는 주민이 되어야 한다고 강조한다.

"거제시장이 가지고 있는 권한을 주민과 나누는 것이 거버넌스 행정의 기본입니다. 지방자치단체장이 거버넌스에 대해 어떤 생각을 가지고 있느냐에 따라서 정책의 목표는 분명히 달라질 것이라 믿습니다. 거버넌스 개념을 이해하고 행정에 도입하면 공직사회의 활력화가 기대됩니다. 이미 자치분권이 우리 곁에 가까이 다가왔어요. 민관협력은 필수요건이 된 것입니다."

시대 변화에 따라 법률 재개정이 필요하듯 지금은 민선시대이고 주민주권시대이다. 주민자치 기능을 확대할수록 정책에 참여하는 주민들이 많아질수록 민주사회로 발돋움하는 것이다. 주민들이 지역문제에 관심을 갖고 상호 논의하고 절충하며 스스로 의사결정을 해나갈 수 있도록 행정이 뒷받침해 주어야 한다. 진정한 주민자치를 위해 거버넌스 행정체계를 갖추어야 한다.

거버넌스 체계 구축을 위하여

누군가 전기풍을 가리켜 거버넌스 전도사라 칭했다. 그런 만큼 거버넌스 추진동력을 주민들의 삶의 질을 향상하는 자치분권과 연결하려 노력하고 있다. 지방자치단체의 거버넌스 행정체계는 지역사회 공동체의 다양한 제 부문 영역이 수평적 연대와 협력으로 공

동체 운영에 함께하여 공공의 의사결정과 집행에 참여하고, 자율과 책임, 참여와 합의, 실천과 협력, 조정과 통합의 거버넌스 문화가 일상화하면서 각 주체들의 성숙과 사회경제적 성취를 바탕으로 다원적 휴머니즘 사회체계를 지향해 나가야 한다.

아직도 정부 각 부처와 지방자치단체는 수직적 관계로 형성되어 있고, 권한과 재정지출에 있어서 개선해야 할 부분이 많다. 즉 지방자치단체가 주민의 삶에 밀착하여 영향을 끼치고 실제 국가 사무의 상당 부분을 위임받아 직접 수행하고 있음에도 로컬거버넌스를 운영하는 것을 주저하고 있는 실정이다.

> "지방자치단체가 자치분권이란 시대의 흐름을 선도해 나가기 위해서는 거버넌스 체계 구축에 적극적으로 나서야 합니다. 주민들이 행정에서 펼치는 정책에 참여할 수 있는 폭을 지금보다 크게 늘려야 하며, 형식적으로 운영하고 있는 위원회 구성을 거버넌스 정신에 입각하여 과감히 바꾸는 노력을 다해야 합니다. 주민참여는 진정한 민주주의로 가는 지름길입니다."

거버넌스 체계 구축과 활성화를 위해서는 구성원들의 자발적인 변화와 성숙을 끌어내면서 제도와 시스템을 바꿔 나가는 방식으로 과정을 잘 설계해야 한다. 이를 위해 핵심 인재를 대상으로 한 거버넌스 교육을 강화하고 거버넌스를 행정원리에 도입하여 업무성과를 제고하고, 거버넌스 활동 성과를 인사평가에 반영토록 해야 한다.

아름다운 세상을 향한 큰 걸음

지방자치제도가 부활하여 실시된 지 32년을 맞이하고 있다. 이 시대 최대 화두는 주민주권이다. 지방자치법 개정으로 자치분권을 향한 지렛대 역할을 할 것으로 기대하고 있다. 주민주권시대가 도래했음에도 불구하고 정책에 참여하는 주민들의 폭이 좁은 현실을 타개해야 한다. 진정한 주민주권은 그냥 주어지는 것이 아니다. 이 땅의 민주화를 위해 헌신했던 열사들의 정신을 이어받아 연방제에 버금가는 지방시대를 열어야 하는 것이다. 전기풍은 주민들에게 약속한 그대로 주민참여의 폭을 넓히는 거버넌스운동에 적극 매진해 나갈 것이다.

> "저 스스로 초심의 자세 그대로 약속을 반드시 지키는 지방의원으로 남고자 합니다. 주민들은 잊지 않고 기억하고 있습니다. 주민들과 약속한 바를 천금같이 여겨 꼭 지키는 의원이 될 것입니다."

거버넌스 전도사 별칭이 낯설지 않게 계속 불렸으면 하는 바람이다. 거버넌스가 펼쳐지는 아름다운 거제를 위해 당당하고 기풍 있게 큰 걸음을 내딛는 모습을 기대해도 좋을 것이다.

기차 타고 서울 가자

◇◇◇◇◇◇◇

남부 내륙철도 종착지 거제역사 위치가 사등면으로 결정되었다. 정부의 국가균형발전위원회 프로젝트의 하나로 추진된 남부 내륙철도가 착공을 앞두고 있다. 철도의 개통은 거제 미래 100년의 청사진을 획기적으로 변화시킬 수 있는 중대한 사건이다.

거제의 미래상은 도시계획에 설계되어 있다. 거제역사는 다양한 시민들로 구성된 공론화위원회에서 논의되고 시민들의 의견수렴 과정을 거쳐 확정되었다. 물론 국토교통부가 최종 승인 기관이었다. 경상남도는 역세권 중심의 경남발전 그랜드비전을 수립하고 있는데, 경상남도의 마스터플랜과 맥을 같이해야 한다. 또한 거제시 중장기 발전계획과 2030년 거제시 도시기본계획을 종합하여, 거제의 100년 대계를 위한 방향으로 추진되어야 한다.

남부 내륙철도와 거제 미래 100년

2019년 1월 말, 국무회의에서 국가균형발전 프로젝트로서 남부 내륙철도 건설사업이 예비타당성조사가 면제되면서 정부의 재정사업으로 확정되었다. 기획재정부 발표에 의하면 남부내륙고속철도는 김천에서 거제까지의 노선 구간으로 사업비는 4조 7,000억 원,

단선 길이 172Km로서 2028년 개통을 목표로 하고 있다.

당시 거제지역 곳곳에는 남부 내륙철도 예비타당성조사 면제를 환영하는 현수막이 거제시청을 비롯하여 거제 관내 기관단체들이 도배하듯 거리에 나부꼈다. 철도가 곧바로 건설될 것처럼 착각할 정도였다. 그러나 아직도 거제에서 기차 타고 서울까지 갈 수 있다며 환호하던 시민들의 모습이 생생하다. 남부 내륙철도가 개통되면 수도권이 훨씬 가까워지고, 우리가 염원하는 천만 관광객 시대도 앞당길 수 있다는 희망을 갖게 된다. 서울을 비롯한 수도권이 가히 두 시간 생활권으로 변화되어 경제적 삶의 활력이 더욱 강해질 것이라 기대되는 것이다.

그러나 지금 남부 내륙철도는 어떻게 추진되고 있는가? 거제가 종착점인데 어느 부서에서 누가 전담하여 몰입하고 있는지 묻지 않을 수 없다. 이미 2019년 3월 기획재정부가 사업계획 적격성 검토를 한국개발연구원(KDI)에 발주하였다. 사업계획 적격성 검토 기간이 6개월 소요되고, 이후 기본계획 수립과 기본설계 조사와 실시설계 용역이 2024년 6월까지 계획되어 있다. 물론 이러한 추진과정은 정부 부처마다 철저한 공정관리가 진행되었을 때 가능한 예측이다.

남부 내륙철도 공사 착공까지 무려 3년 6개월이 소요되는 것이다. 이러한 예측 기간도 최대한 일정을 단축했을 때 가능하다고 한다. 그러나 남부 내륙철도 조기 건설방안을 마련해야 한다. 거제에서 언제 기차 타고 서울까지 가겠는가? 남부 내륙철도 착공 예정 시점이 2024년이다. 착공 이후 시공에 필요한 6년을 더하면 애초 예정했던 2028년 개통 목표를 지킬 수 없게 된다. 거제시가 행정력을 발휘하여 남부 내륙철도 조기 건설을 적극적으로 견인해야 한다. 기획재정부가 한국개발연구원에 예비타당성 분석을 두 번씩이나 용역기관으로 선정하여 완료했음에도 불구하고, 사업계획 적격성 검토를 6개월의 기간으로 산정한 것부터 문제가 됐다. 이렇게 첫 단추부터 착공 일정이 늘어지면서 향후 일정을 앞당기는 노력이 절실해졌다.

국토교통부가 발주하는 기본계획 수립 기간 1년과 한국철도시설공단의 기본설계 조사 및 실시설계 기간 2년도 늦춰질 가능성이 크다. 정부에서 애초 예정된 로드맵대로 추진된다 하더라도 추진과정에서 각종 민원과 환경문제 발생 시 주민의견 수렴과 민원해결 등으로 지연될 수 있는 여지가 많다.

그것뿐만이 아니다. 예비타당성조사는 면제되었지만, 사업수행기관별 예산 마련도 결코 쉬운 문제가 아닐 것이다. 그러다 보면 거제에서 기차 타고 서울까지 가는 길이 얼마나 험난할 것인지 예측하고도 남는다. 지금부터라도 각오를 새롭게 다져야 한다.

거제는 고용위기지역으로 재지정될 정도로 경제 상황이 결코 녹록지 않다. 조선산업 불황으로 실업률이 2016년 7.1%로 전국 최고 수준에 달했었다. 남부 내륙철도 착공은 새로운 희망이다. 시민들이 바라는 염원의 끈이 늦추어지지 않도록 조기 착공 노력이 필요하다. 젊은 일꾼들이 선호하는 양질의 새로운 일자리를 기대할 수 있어야 거제를 떠나지 않을 것이다. 거제 경제의 새로운 돌파구를 마련하는 일이 최대의 과제이다. 남부 내륙철도의 조기 건설을 강력히 주창하는 이유다.

남부 내륙철도 선로 구조를 복선으로 추진해야 한다. 남부 내륙철도 건설사업의 역사는 1966년 11월 시작되었다. 당시에는 김천시에서 삼천포시(현 사천시) 구간으로 김삼선으로 불리며 철도 기공식까지 추진된 바 있다. 이후 40년 세월이 흘러 참여정부 시절인 2006년 3월, 제1차 국가철도망 구축계획에 반영되었고, 다시 11년이 지난 2017년 7월, 대통령 국정운영 5개년 계획의 지역공약으로 김천에서 거제까지 노선이 변경되어 반영되었다.

이번에 반영된 선로 구조는 아쉽게도 김천에서 거제까지 단선으로 되어 있다. 물론 공사비 절감 차원에서 반영된 것이다. 그러나 한국개발연구원이 용역을 수행하여 제출한 예비타당성조사 보고서에 의하면, 단선 공사비의 1.3배면 복선으로 건설할 수 있다고 예측하였다. 대한민국 중부와 남부를 잇는 고속철도는 제2의 경부선축이라 할 수 있다. 중부내륙선 중 김천에서 점촌 구간 철로 60km를 제외하면 서울까지 모두 복선으로 연결되어 있다. 남부 내륙철도는 단선이 아닌 복선으로 선로 구조를 변경할 필요가 있다. 경부선, 호남선 철로가 전부 복선으로 건설되었다. 중부선 또한 복선으로 건설되어야 한다. 향후 철도 이용객이 획기적으로 증가할 것으로 예측되고, 도로를 이용하던 물류 이동이 철로가 개통되면 혁신적으로 바뀌게 될 것이다.

역사적인 옥포산복도로 개통

◇◇◇◇◇◇◇

옥포산복도로는 옥포 고갯마루에 있는 양지주유소에서 석천아트타운까지 이어진 총연장 1.63㎞, 폭 15m로 약 125억 원이 소요된 도시계획도로를 말한다. 이 도로는 옥포 도심의 교통 원활화를 위한 주민들의 숙원사업이었다.

그러나 2004년 12월 착공했던 도시계획도로 종점부 공사 일부를 남겨 둔 상태에서 영진엘르빌 입주민들의 민원으로 공사를 중단된 채 방치되어 있었다. 입주민 입장에선 도로공사로 인해 아파트 생활환경의 변화가 불안했기 때문이었다. 옥포 도심의 과밀화와 늘어난 차량으로 인해 만성적인 교통체증을 해소하기 위해 추진했던 주민숙원사업이 6년이 넘도록 주민들의 민원으로 한 발자국도 진척되지 못한 상황이었다.

부산시 강서구 가덕도에서 거제시 장목면 유호리를 잇는 거가대교 개통이 2010년 12월 13일로 예정되어 있어 교통체증은 더욱 가중될 상황이기도 했다. 부산을 통해 거제 덕포IC와 송정IC를 통해 유입되는 대규모 차량 행렬이 도심의 도로를 점령하여 주차장으로 변하지 않을까 우려스러운 목소리도 높았다.

거제시 도시안전국장은 민원해결을 위해 다각적인 노력을 펼쳤다. 현재 설계된 도로의 문제점들이 주민들의 민원으로 고스란히 나타나 있었다. 도로개설 종점부에 위치한 석천아트타운과 영진엘르빌 아파트 출입구가 겹쳐있어 교통사고 위험이 높게 나타난 것이다. 특히 영진엘르빌 뒤편에 개설되는 도로가 아파트와 너무 가까이 설계되어 있어, 주민들 입장에서 교통사고 위험뿐만 아니라 자동차 소음 및 비산먼지 민원이 있을 수밖에 없었다. 이미 도시계획도로가 지정되어 있었는데, 건축행정에서 이를 간과하고 건축 승인을 내준 결과이기도 했다.

모든 도로는 안전이 가장 우선되어야 한다. 옥포산복도로 종점부 구간 경사가 17%이고, 길이가 약 60m로 짧아 급경사로 설계된 것과 도로개설이 될 경우 도심 속 어린이놀이터를 축소해야 하는 것도 문제점으로 나타났다.

이렇듯 주민들의 민원은 여러 가지 이유가 있다. 문제가 있으면 반드시 해답이 있다. 2009년 11월 20일 도로교통공단에서 교통처리계획을 검토한 결과보고서를 찾았다. 옥포도시계획도로 종점부의 경우 국지도로에 인접하고 있어 향후 도로완공 시 교통량의 증가가 예상되어 국지도로의 정체가 가중될 수 있으므로 근본적으로 노선을 우회하는 것이 효과적이라는 의견이었다.

영진엘르빌 주민들을 만나보니 처음부터 노선 변경을 요구했었다. 지금까지 주민들과 협의가 잘 이루어지지 않고 있는 것은 서로 불신하는 '생각 차이' 때문이었다. 민원이 제기된 종점부 도로를 옥포종합운동장 방향으로 변경할 경우, 공사비 증대는 물론 준공처리가 지연될 수밖에 없다. 거제시 입장과 주민들 상황이 딴 곳을 바라보고 있었던 셈이다. 먼저 편입토지에 대한 보상과 이에 따른 예산 확보 문제, 인근 초등학교 시설(사봉초 부지) 폐지를 위한 행정절차 등을 감안하면 도로 개설은 상당한 시간이 필요할 것으로 예측되었다.

거제시의회 산업건설위원회(현 경제관광위원회) 소속 의원들과 함께 행정사무감사 현지답사를 하였다. 그리고 영진엘르빌 주민들의 요구를 받아들여 공사에 따르는 건물의 안전성을 담보하기 위해 계측기를 설치하기로 합의하였다. 결국 중단됐던 공사를 추진할 수 있는 동력을 얻게 된 것이다. 우선 도로 종단경사를 최대한 낮추고 차량속도를 저감시키는 방향으로 설계를 변경하여 반영하기로 하였다. 이후 5차선 교차로에서의 교통안전사고 위험을 최소화하는 방안을 첨가하여 도로공사를 추진할 수 있었다.

옥포산복도로가 중단되어 방치되어 있는 이유가 뭡니까?

거제시의회 본회의장에 울려 퍼진 첫 시정 질문이 결국 주민들과의 끈질긴 협의와 안전성을 담보한 설계 변경, 그리고 대안 제시를 통해 옥포산복도로는 착공한 지 무려 10년 만에 완공되어 개통하였다. 나로서는 실로 감개무량한 일이 아닐 수 없다.

옥포여객선터미널이 동사무소가 되다

◇◇◇◇◇◇

옥포여객선터미널은 거가대교가 개통된 이후 여객선 운항이 중단되면서 무용지물로 남아 있었다. 뱃고동을 울리며 섬에서 육지로 다시 육지에서 섬으로 오가던 여객선은 추억으로 남게 되었다. 숱한 사연을 간직하고 뱃머리의 정감이 사라진 현실은 옥포만을 힘차게 나르던 갈매기마저 자취를 감추고 말았다.

옥포동 1980번지에 위치한 여객선터미널 규모는 대지 3천454.7㎡(약 1,046평), 건축 연면적 1천477.11㎡(약 447.6평)의 3층 건물이었다. 1층은 여객선터미널로 옥포마을협의회가 운영했고, 2층은 문화 및 집회시설 용도로 거제예총 사무실이 입주해 있다가 옥포1동 주민자치회에서 사무실 및 주민자치 프로그램(웰빙댄스, 다이어트댄스, 기타 교실 등) 운영 장소로 활용해왔다. 3층은 문화 및 집회시설 용도로 거제해양관광개발공사에 위탁하여 거제옥포탁구장으로 운영되고 있다.

거제시 민선 6기 시절인 2010년 9월, 당시 옥포1동 청사는 매우 낡고 협소할 뿐만 아니라, 주차장이 없어 민원인들의 행정서비스 지원에 어려움과 불편이 가중되는 등 주민들의 자치활동에 많은 제약이 있었다. 주민들은 뭔가 대책을 요구하고 있었고 주민자치에 대한 참여 의욕이 높아지던 시기였다. 나는 주민자치 프로그램 장소를 텅 비어 있던 여객선터미널을 일부 리모델링하여 활용하자고 제안했다. 새로이 건물을 지을 공공용지가 없던 상황에서 예산을 대폭 절감할 수 있는 아이디어를 낸 것이다. 워낙 공공용지가 부족한 옥포1동과 거제시 행정 입장에서 주민에 대한 행정서비스 편의 제공을 위해 긍정적으로 받아들여졌다.

옥포1동 청사를 여객선터미널로 변경하게 된 계기가 되었다.

거제시는 거가대교 개통 이후 변화될 상황을 예측하고 있었다. 부산을 오가던 페레스트로이카 여객선의 지속적인 운항 여부에 대해 여객선사에 전적으로 맡길 상황이 아니었다. 여객선은 민간에서 운영하는 수익사업이기 때문에 거제시가 향후 승객의 감소나 여객선 운영에 직접 관여하지 않았을 뿐이었다.

거가대교 개통은 해운업계에 엄청난 변화를 불러왔다. 통상적으로 섬과 육지를 잇는 교량이 건설되면 운항하고 있던 여객선을 계속 운영할 것인지를 예측하여 보상 문제를 매듭짓곤 하였다. 거제시 계획서 어느 곳에도 여객선터미널 활용 방법이 없었다. 물론 해운업계의 요청도 없었다. 오랜 기간 뱃길을 통해 육지 나들이에 나섰던 주민들이 자동차를 타고 손쉽고 빠르게 육지로 다닌다는 편리함만 생각하고 있었다. 나는 그런 점이 의아스러웠다. 만약 여객선 운항이 중단된다면 여객선터미널 용도를 어떻게 바꾸어 활용할 것인지에 대한 생각을 하기란 쉽지 않았을 것이다.

옥포여객선터미널은 2013년 장승포농협 본점 신축으로 금융업무를 위해 활용되었고, 2016년 리모델링을 거쳐 옥포1동 청사로 활용되어 오고 있다.

충무공 이순신 만나러 가는 길

◇◇◇◇◇◇

옥포만은 장대한 길이를 갖고 있다. 거제 섬 선체에서 볼 때 해안선이 원형으로 둥글게 형성되어 천혜의 지리적 이점이 있다. 덕포해수욕장에서 옥포대첩기념공원, 팔랑포, 조라, 옥포항으로 이어지고, 옥포만을 대부분 차지하고 있는 대우조선 120만 평의 부지 해안선과 아주, 관송을 지나 장승포동에 속하는 대우병원 아래쪽 두모에서 느태방파제까지 이어져 있다.

충무공 이순신 만나러 가는 길은 조라 해안로에서 시작된다. 조라에서 파랑포를 거쳐 옥포대첩기념공원 위쪽 산길을 따라 덕포해수욕장으로 이어지고, 강망산 봉수대에서 김영삼 대통령 생가까지 걷는 길이다. 최근 옥포항의 아름다운 전경과 대우 옥포조선소에서 건조하고 있는 선박들과 골리아스 크레인 위용을 보며 걸을 수 있는 해안로 길을 찾는 관광객들이 줄을 잇고 있다.

충무공 이순신 만나러 가는 길은 8.3km에 달한다. 그중 1구간 끝자락에 세계 각국의 도시 이정표를 설치해 놓았다. 옥포에서 뉴욕까지 11,315km, 파리 9,321km, 싱가포르 4,528km, 방콕 3,675km, 시드니 7,965km 등 세계 각국의 주요 도시와의 거리를 알려준다.

물령망동 정중여산(勿令妄動 靜重如山)

가벼이 움직이지 마라. 태산같이 무겁게 움직여라!

충무공이 첫 전투를 앞둔 병사들에게 내린 명령이다. 이 말 속에 담긴 이순신 장군의 기개가 진중하게 느껴진다.

조라마을에서 덕포로 넘어가는 고갯마루를 '승판재'라 부르고 있다. 1605년 정유재란 당시 왜적과의 전투에서 승리한 것을 선조 임금이 조라승판재 친필휘호를 지어 보내주어 붙여진 명칭이다. 거제가 고향인 김영삼 대통령님은 이순신 승판재 휘호를 보내 주셔서 옥포중앙공원에 기념비로 새겨 놓았다.

옥포는 임진란 첫 승첩지로써 구국의 성지다. 나라의 운명이 풍전등화와 같았을 때 옥포대첩을 이루어 나라를 구한 것이다. 충혼의 역사를 간직한 충무공 이순신 만나러 가는 길은 지역주민들의 여가활동과 건강을 위한 산책길로 많은 사랑을 받고 있기도 하다.

옥포해안변 산책로는 2006년 처음으로 설치공사가 시작되었고, 2008년도까지 673미터가 완성되어 주민들의 많은 호응이 있었다. 인기가 높았던 만큼 옥포대첩기념공원까지 해안 데크를 연결하자는 의견도 많았다. 현재 만들어진 길은 덕포해수욕장까지로 아직 미완성이다. 2013년 7월 충무공 이순신 만나러 가는 길 개통과 함께 명명식이 거행되었다. 해안변 추가 구간은 약 2km로 대부분 해안변이 높은 암벽으로 형성되어 있다. 일부 구간은 급경사지 암벽으로 이루어져 있기도 하여 외해부에 높은 파도가 직접 맞닿는 곳이기에 공사에 소요되는 추정 비용이 약 40억 원 정도였다. 도심의 해안 데크는 주민들의 호응도가 높은 만큼 예산반영을 여러 차례 요구했다. 그러나 시설물 이용객들의 안전 측면에서 어려움이 예상되어 신중한 검토가 필요하다는 답변이었다.

현재 옥포 조라 해안데크 종점부에서 옥포대첩기념공원까지는 해안선을 따라 임야 내 산길로 약 2km 구간에 걸쳐 산책로가 조성되어 있기에 산책로를 좀 더 보완 정비하면 주민들이 이용하는 불편과 안전 문제가 해결될 것으로 보인다. 주민들의 안전을 위해 산책길 난간 파손이 발생하면 즉시 점검하여 보수하는 시스템도 갖추고 있다.

옥포항은 국가 어항으로 지정되어 있어 해양항만청과 경남도의 승인도 받아야 하고 여러 가지 공유수면 점사용 허가를 받아야 하는 등 제반 절차가 많다. 그렇지만 충무공 만나러 가는 길 명성에 맞게 옥포 조라에서 옥포대첩기념공원까지 해안로를 연결해야 한다. 이순신 장군의 첫 승첩지를 둘러보는 해안데크 산책길이 거제섬앤섬길 코스 중에서 가장 충혼이 함께하는 명성이 이어지길 기대해본다.

차세대 일반산업단지 선정 의혹

◇◇◇◇◇◇◇

거제 사등면 사곡만은 도심에서 가까운 보기 드문 해수욕장으로 국가 마리나 항만으로 지정된 곳이다. 미래 후손들에게 물려줄 소중한 자산이고, 시민들의 삶의 질 향상을 위해 해양레저타운으로 종합개발계획을 갖고 있었다.

거제의 향후 100년을 내다보는 미래 먹거리인 산업단지 조성은 위치가 부적절하다는 의견이 대부분이었다. 거제시는 4억 원의 용역비를 들여 거제 전 지역역을 대상으로 차세대 일반산업단지 입지를 검토하였다.

사곡만은 한 번 매립하면 아름다운 해수욕장을 후손들에게 영원히 물려줄 수 없다. 거제상공회의소가 사곡만 매립을 통한 산업단지 조성을 위해 (주)거상을 설립했다. (주)거상은 지역신문에 지면 광고를 싣는 등 마치 일반산업단지 입지를 사곡만으로 결정한 것처럼 오해를 낳게 했다.

거제시는 차세대 일반산업단지 입지 선정 의혹에 대해 기본계획 타당성 조사를 참여 업체로부터 평가 자료를 접수하여 조달청 입찰 시스템에 의한 가격 입찰을 통해 용역 업체를 선정했다고 밝혔다. (주)거상에서 지역 언론에 산업단지 입지를 미리 사곡만으로 기정 사실화했다는 부분은 거제시와 무관하게 거제상공회의소에서 임의로 사곡만을 지칭했다는 것이다. 이와 별개로 (주)거상에서는 2006년 7월부터 자체적으로 추진해 오던 산업단지 조성계획을 철회했다. 이유는 석연치 않아 의구심이 들었다. 거제상공회의소 관계자에 따르면 거제시가 추진하는 방향으로 사업 참여 의향이 있는 업체를 대상으로 투자의향서를 받아 (주)거상을 창립하였고, 사곡만을 일반산업단지로 개발하는 것을 희망하고 있다는 것이다.

차세대 일반산업단지 입지 선정은 접근성이나 가장 저렴한 개발비용으로 추진되어야 성공적으로 추진해 나갈 수 있다. 지역의 균형 발전 측면에서도 종합적인 판단이 요구된다. 하청면 덕곡 및 청해산업단지가 허가를 받고도 추진이 어려운 이유가 택지조성비가 턱없이 높은 점도 한몫하였기 때문이다.

사곡만은 천혜의 자연조건을 갖추고 있어 해양레포츠센터로 개발하여 관광수요를 늘려나갈 수 있는 여지가 높은 곳이다. 그러나 무엇보다 선택과 집중이 필요하다. 사곡만을 해양 요트나 시민의 휴양지로 계발해나가면 좋지 않겠느냐 하는 의견에 대해서는 이견이 많다.

사곡만은 도심 속 해수욕장을 갖추고 있다. 이곳에 차세대 일반산업단지 입지가 확정됐다. 이후 해양플랜트 국가산단 추진으로 이어졌다. 당시 홍준표 경남도지사는 거제시의회를 방문하여 밀양국제공항을 밀어달라고 하였다. 거제가 위치적으로 가덕도 인근 도시로 지리적으로 부산쪽 손을 들어줄 것에 대한 예방 백신을 준 것이다. 해양플랜트 국가산단 지정 약속은 여기서부터 시작됐다. 박근혜 정부 시절 경상남도는 국가산단 3곳이 선정되는 쾌거를 이뤘다. 밀양 나노융합국가산단, 사천 진주 항공우주 국가산단과 함께 거제 해양플랜트 국가산단이 발표되었다. 거제시는 국가산단추진단 조직을 만들고, 용역을 추진하여 국가산단 승인을 받기 위한 로드맵을 작성하고 부단한 애를 썼다.

그럼에도 결국 해양플랜트 국가산단은 한낱 물거품이 되고 말았다. 그동안 피해는 말할 수 없이 컸다. 국가산단 조성에 따르는 찬반 의견이 갈려 지역갈등이 심화됐고, 인근 지역까지 토지거래허가구역으로 묶여 재산손실은 물론 기회비용이 불어나고 개발이 제한되기도 하였다. 사곡만 갯벌을 살리기 위한 움직임도 많았다.

사곡만은 성내공단과 바로 연접하여 삼성중공업 거제조선소가 자리하고 있다. 인근에는 거제시 분뇨처리장이 연접해 있을 뿐만 아니라 수질오염이 악화된 곳이기도 하다. 서로 머리를 맞대고 힘을 합쳐도 국가산단 승인받는 일이 쉽지 않은 현실에서 각자의 의견들을 도출해 내고 갈등을 일으켜 바람 잘 날이 없었다.

차세대 성장 동력을 찾기 위한 해양플랜트 국가산업단지가 무산된 만큼 거제시는 도심의 해수욕장 장점을 살린 최적의 관광휴양지로 개발할 것으로 보인다. (주)거상이 내세웠던 일반산업단지 조성이 해양플랜트 국가산단으로 둔갑한 것은 지금도 아리송하다. 그들의 선견지명이 있었던 것인지 아니면 누군가 보이지 않는 힘에 의해 발 빠르게 선점을 했던 것은 아닌지 모를 불가사의한 일로 기억될 뿐이다.

커뮤니티케어 복지모델

◇◇◇◇◇◇

우리나라 고령화는 급격히 진전되고 있다. 2017년 8월 말을 기점으로 고령사회에 진입하였고, 다가오는 2025년 인구의 20%가 노인인 초고령사회를 예측하고 있다. 우리 거제시의 고령화 또한 예외가 아니다. 이미 노인인구가 32,000명을 넘어섰고, 2016년 이후 낮은 출산율은 거제시의 초고령사회 진전을 앞당기고 있어 돌봄 수요층 증가에 대비한 복지정책이 절실한 시점이다.

정부는 2018년부터, 노인의료 · 요양 · 치매, 정신질환자 사회통합, 장애인 탈시설화를 기치로 내걸고, 일상생활에서 돌봄이 필요한 계층에게 가까운 면 · 동을 통한 민관 통합연계로 복지전달체계가 확대된 정착지원 프로그램과 돌봄서비스를 거주하고 있는 곳에서 이용할 수 있는 커뮤니티케어 정책을 펼쳐오고 있다.

주요 돌봄 수요층인 노인과 장애인의 서비스 욕구조사 결과를 보면, 노인의 절반 이상인 57.6%가 거동이 불편해도 내가 살던 곳에서 여생을 마치고 싶다고 응답하였고(출처: 노인실태조사, 2017년), 시설 거주 장애인의 약 57%가 시설 밖에서 거주 및 생활을 희망한다(출처: 국가인권위원회, 2012년)는 결과가 발표된 바 있다. 즉 초고령사회에서의 노인복지 및 장애인복지 정책의 근본적인 변화가 필요한 것이다.

정부의 사회보장제도 하에서 지방자치단체가 지역적 특성을 감안하여 추진할 수 있는 복지정책의 변화는 매우 중요한 과제이다. 최근 사회복지계의 화두는 커뮤니티케어 정책과 사회복지서비스 전달체계의 혁신이다. 복지서비스 선달이 시설 중심에서 지역사회 중심으로 정책을 전환하겠다는 것은 서비스 대상자의 자기결정권 강화와 인권보장 측면에서 발전적인 모습이 아닐 수 없다.

주민과 사회복지 대상자 간 소통과 협력을 통해 커뮤니티케어로 특화된 지역사회 복지모델을 만들어 나가야 한다고 생각한다. 거제시 지역사회보장협의체가 중심이 되어 18개 면동 위원회가 아이디어를 내고 협력체계를 구축하면 얼마든지 거제시 모델을 만들어 갈 수 있다.

거제 초고령사회 진전에 대비한 서비스 이용자의 욕구를 바탕으로 돌봄정책을 커뮤니티케어로 전환하여 추진할 수 있는 방안을 강구해야 한다.

교통약자 이동 편의 증진

◇◇◇◇◇◇

2016년 5월 말 기준, 거제시 등록 장애인 수는 10,715명에 달하며, 이중 특별교통수단을 이용할 수 있는 1등급, 2등급 장애인은 2,248명이다. 또한 장애인 외에도 특별 교통수단 이용 대상인 고령자나 임산부, 영 · 유아를 동반한 시민과 일시적으로 휠체어를 이용해야 하는 시민까지 더해지면, 그 이용 대상은 훨씬 늘어나게 된다.

장애인 등록 현황에 의한 교통약자 콜택시 운영 기준은 잘못된 것이다. 장애인 이동권은 2004년 12월 제정된 교통약자의 이동편의 증진법에 따른 것으로, 지자체마다 조례를 제정하여 장애인 이동권 보장을 위해 노력해 오고 있다.

거제시의 경우 교통약자 콜택시를 26대 운영하고 있고, 대중교통인 시내버스를 대폐차시마다 저상버스로 바꾸는 노력을 지속적으로 추진해 오고 있다. 그러나 교통약자의 이동권 보장은 아직 첩첩산중이다. 교통약자 콜택시 대기시간의 불만뿐만 아니라, 일상생활에서 겪는 불편 사항은 이루 말할 수 없을 정도이다. 단적인 사례로 장애인의 교통약자 콜택시 이용만족도 조사 결과만 보더라도 손쉽게 그 이유를 알 수 있다.

현재 거제의 교통약자 콜택시는 2016년 5월 말 기준 법정 보유대수보다 약 2.4배 많은 총 26대로 근무 인원 30명, 예산 13억여

원을 지원하여 운영하고 있다. 이용자는 매년 꾸준히 증가하여 현재 월평균 3,100여 명이며, 거제시 장애인들의 이동권 확대와 편의도모를 위해 1일 2회씩 부산 지역을 상시 운행하고 있다.

교통약자 콜택시 이용시민 증가와 부산지역 확대 운영 등으로 대기 시간이 평균 30분 이상 길어짐에 따라 다소 불편함이 있어 개선이 절실하다. 교통약자 콜택시 확충은 점진적으로 이루어져 왔다. 재정 여건상 한꺼번에 늘릴 수 없는 어려움도 있다. 이용자가 많은 주간 시간대 차량과 인원을 추가 투입하여 보다 탄력적으로 운영의 묘를 살려야 한다. 경남 콜센터와 협의하여 이용고객들의 불편사항을 지속적으로 개선해 나가야 한다. 또한, 노후화된 차량은 조속히 교체하여 이용자가 안전하고 쾌적하게 콜택시를 이용할 수 있도록 해야 한다.

사회복지사 등의 처우 개선

◇◇◇◇◇◇◇

1997년 외환위기와 2008년 금융위기 등 국내외적으로 경제적 어려움이 가중되면서 비정규직 양산과 영세자영업자, 실직자, 청년 실업자가 급증하게 되었다. 이로 인한 소득양극화 현상은 부자는 점차 더 부유해지고, 가난한 사람은 더욱 가난해지는 '부익부빈익빈' 사회로 치닫고 있으며, 빈곤의 되물림이 악순환처럼 다음 세대로 이어져 국민연금, 건강보험, 고용보험 등 사회보험 혜택을 받지 못하는 복지사각지대가 발생하고 있다.

송파 세 모녀 자살 사건과 수원시 사례에서 나타났듯이 복지 소외계층의 증가는 공공사회복지 및 민간사회복지 전달체계의 모순과 미흡에서 나타나는 것으로 지역사회복지 문제로 크게 부각되고 있다. 이러한 문제는 시대적 소명인 복지의 중요성은 강조하면서 지역사회복지의 최일선 현장에서 전문성을 발휘하고 있는 공무원의 업무 과중 및 민간사회복지시설과 기관에서 근무하는 사회복지사 등의 처우 개선이 전혀 이루어지지 못하는 현상과 직결되어 있다고 생각한다.

2013년 4월 제정된 거제시 사회복지사 등의 처우 및 지위 향상에 관한 조례가 시행되고 있지만, 시장에게 부여되고 있는 책무가 전혀 실행되지 못하고 있고, 시책 또한 보수교육비 지원 외 전무한 실정이다. 또한, 사회복지사는 공공 및 민간 사회복지전달체계의 주요한 구성원임에도 불구하고, 열악한 근로환경, 낮은 임금수준, 과중한 업무 등으로 애로사항을 겪고 있는 현실을 직시해 볼 때 조례 제정의 목적인 시민을 향한 수준 높은 사회복지서비스 제공과 지역사회복지 증진은 공허한 희망사항에 불과하다 할 것이다.

거제의 사회복지시설은 총 48개소이며, 종사자는 637명이다. 사회복지사업 종사자는 사회적 약자와 소외계층의 복지향상을 위해 노력하는 전문직 종사자로서 투철한 사명의식을 가지고 있다.

이러한 종사자들의 처우를 개선하기 위해 정부에서는 2012년 「사회복지사 등의 처우와 지위 향상에 관한 법률」을 제정하였으며, 거제시는 2013년 제정된 「거제시 사회복지사 등의 처우와 지위 향상에 관한 조례」에 따라 점진적으로 사회복지사 등의 처우 개선을 위해 노력하고 있다.

이에 따라 지난해 173명의 사회복지사에게 762만 9천 원의 보수 교육비를 지원하였으며, 사회복지의 날 행사 개최를 통해 사회복지인의 자긍심 고취와 인식개선, 심리치료 등을 통한 힐링의 기회를 제공하였다. 특히 종합계획 수립내용과 추진방안에 대해서는 4년마다 수립하는 '거제시 지역사회 복지계획' 수립 시 지역사회복지 수행 인력의 역량 강화를 핵심과제로 선정하여 전문교육 수요조사 및 인재뱅크 운영계획을 반영하였으며, 앞으로도 연차별 시행계획 수립 시 사회복지사 등의 처우개선 내용을 확대 반영하여 사회복지사가 자긍심을 가지고 일할 수 있는 환경을 만들어 나가야 할 것이다.

사회복지시설 종사자의 보수가 공무원 수준에 상응하는 인상 부분에 대해서는 그간 각 도(道) 단위로 인건비 가이드라인이 내려왔지만, 2015년부터는 보건복지부 인건비 가이드라인을 적용해야 함에 따라 시설종사자 간 동일 보수체계 및 상향 평준화를 위해 인상률이 조정되어 공무원 보수 대비 상당 수준 향상될 것으로 기대된다. 사회복지사의 날이 애초에는 사회복지협의회 창립기념일인 4월 22일에서 2011년 3월 30일 사회복지사 등의 처우 및 지위 향상에 관한 법률이 공포가 된 날로 변경되었다. 사회복지사 등의 처우개선 및 지위 향상이 얼마나 중요했는지를 단적으로 보여주는 것이다.

장애인 차별 금지 및 권리 구제

◇◇◇◇◇◇◇

장애인 차별 금지 및 권리 구제 등에 관한 법률은 장애인의 완전한 사회참여와 평등권 실현을 통하여 인간으로서의 존엄과 가치를 구현하기 위한 것이며, 장애인복지 이념 중의 하나가 정상화 개념이다. 장애인이 일상생활을 하는 데 조금도 불편함이 없도록 하는 것이다.

장애인의 인간다운 삶과 권리보장을 위한 장애인 복지정책이 점차 '재활'에서 '자립생활'로 변화하고 있다. 인간의 존엄성, 권리, 개인의 가치, 개인의 자유와 평등에 대한 보장은 누구나 누려야 할 권리라고 생각한다. 가령 여성장애인 출산지원금 지급의 경우, 장애인 가정으로 확대하여야 하며, 장애인휠체어 수리비 경감 및 야외 급속 충전기 설치를 통해 이동권을 강화해야 한다.

또한 중증장애인 자립생활을 위한 실태조사 및 지원책을 마련하여 스스로 고립된 삶에서 벗어나 인간다운 생활을 영위할 수 있는 기반을 마련해야 할 것이다. 장애인이 차별받지 않도록 제도를 보완하고 인권의 보장을 위한 노력도 중장기계획을 세워 준비해야 한다.

거제시 등록 장애인은 8월 말 현재 1만 669명이며, 전체 시민

(234,853명) 22명 중 1명이 장애인으로 약 4.5퍼센트에 해당한다. 2012년 추진해 볼 때 사회복지예산은 989억 원 중 장애인복지예산은 132억으로 약 13%를 차지하고 있으며 재가 장애인 생활안정사업을 비롯한 장애인 복지시설 및 장애단체지원, 장애인 일자리사업 등 64개 사업을 지원하고 있다. 최근 장애인정책의 흐름은 장애인의 자립기반 마련과 권익 증진을 강화하는 방향으로 변화하는 추세다.

그동안 장애인연금, 일상생활 지원을 위한 활동지원제도 등 장애인복지서비스가 지속적으로 확대되고 있을 뿐 아니라 장애인등록에 대한 거부감이 줄어드는 등 우리 사회의 장애에 대한 인식이 많이 개선되어 가고 있다. 대규모 생활시설을 통한 보호 중심에서 탈피하여 지역사회를 기반으로 한 자립생활의 강조, 장애인 권리이익제고 등 장애인복지를 둘러싼 환경은 기존 시설 및 공급자 중심의 장애인복지정책이 수요자 중심의 정책으로 변화되고 있다.

장애인의 권리 향상을 위하여 장애인심부름센터, 장애인편의시설지원센터, 장애인 차별 상담전화 등을 설치 · 운영해 오고 있다. 특히 중증장애인 자립생활을 위한 실태조사는 2011년 연구용역을 거쳐 현재 중증장애인 자립생활지원센터, 여성장애인 종합지원센터를 설치 운영 중에 있다.

여성장애인 출산지원금은 올해 초 조례 제정으로 이미 시행하고 있으며, 남편이 장애인인 가정이 출산한 경우에도 확대 지급하는 방향으로 적극 검토하겠다. 장애인 휠체어 수리비 경감 및 야외 급속 충전기 설치는 수요조사 후 지원방법을 강구하도록 하겠으며, 앞으로도 장애인복지정책 개선을 위하여 더욱더 관심을 가지고 최선의 노력을 하겠다. 장애인 복지정책은 장애인의 소득보장과 의료서비스에 국한하지 않고, 경제, 사회, 문화 등 다양한 분야에 참여할 수 있는 환경을 마련하는 것이라 할 수 있다. 장애인 복지정책이 본격적으로 실행하게 된 것은 1998년 제1차 장애인 복지발전 5개년 계획 수립이었다. 정부의 장애인정책조정위원회는 제4차 장애인정책종합계획(2013~2017)을 심의하면서 오는 2014년부터 장애인 의무고용률을 50인 이상 민간사업장은 2.5%에서 2.7%로, 지방공기업은 2.5%에서 3%로 상향 조정하겠다고 발표하였다. 이는 장애인 복지정책의 가장 우선순위를 장애인 소득보장에 둔 것으로, 장애인의 일자리 창출은 그런 의미에서 매우 중요하다.

한 사회의 구성원으로서 장애인과 비장애인이 더불어 행복한 사회를 만들어 가겠다는 장애인정책종합계획의 비전은, 지속적으로 주장해 오고 있는 장애인복지정책은 '정상화 개념'으로 추진해야 한다는 것과 일맥상통하고 있다. 그동안 장애에 대한 사회적 편견과 근거 없는 차별 등의 환경이 장애인 고용을 기피하게 되는 악순환이 되었다는 점에서 장애인의 소득보장이 법적 규제를 강화해 나가는 방향으로 나아가고 있는 것이다.

거제시 행정에서 장애인 고용정책을 늘려나가야 하며, 장애인 의무고용을 넘어 점차 채용 비율을 늘려나가는 방안을 마련해야 한다고 생각한다. 거제시 재정사업으로 운영되는 공공기관을 비롯하여, 민간기업 취업에 알맞은 맞춤형 일자리 창출을 위해 장애인 직업재활시설 확충 및 장애인 취업지원 상담을 통해, 장애인 고용을 늘려나갈 계획을 수립하여야 한다. 또한 시책으로써 사회적 약자인 장애인에 대한 고용정책을 강력하게 추진하지 않는 한, 장애인 의무고용 정책과 새로운 일자리 창출은 숫자놀음에 불과할 뿐이다.

거제시의 등록장애인은 10,660명이며, 장애인복지예산은 132억 5,700만 원으로 재가장애인 생활안정사업을 비롯한 장애인복지시설지원, 장애인단체지원, 장애인일자리사업 등 64개 사업을 시행하고 있다. 그동안 거제시에서는 중증장애인 자립생활 지원센터, 직업재활시설 애빈, 장애인자립작업장 등을 설치·운영 중이며 장애인 일자리 창출을 위하여 앞으로도 최선의 노력을 하도록 하겠다. 또한 거제시에서 추진 중인 장애인 일자리사업 참여자는 주민자치센터 행정도우미, 복지일자리, 장애인전용주차구역 단속도우미, 복지시설연계 여성장애인일자리 등 총 4개 사업 62명, 장애인직업재활시설(애빈), 장애인자립작업장 참여자는 56명으로 연간 5억 9,600만 원을 지원하고 있다.

아울러 현재 거제시 공무원의 경우 전체 정원 1,009명 중 장애인은 37명으로 장애인 의무 고용률 2.5퍼센트를 초과하였다. 무엇보다 현재로서는 조선 등 제조업이 많은 우리 거제지역 특성상 현실에 맞는 다양한 장애인일자리로 어떤 것이 있는지에 대한 충분히 파악된 자료가 부족한 것이 현실이다.

2013년에 지역사회복지협의체 중장기계획 수립 지표 작성을 위한 욕구조사를 실시할 예정이며, 취업이 가능한 장애인 현황과 지역 특성에 맞는 장애인 일자리 정책에 맞추어, 현재 추진 중인 장애인 취업상담도 더욱 효율적으로 운용될 수 있도록 최선을 다하겠다.

베이비 부머(baby boomer) 은퇴 준비

◇◇◇◇◇◇◇

한국전쟁 이후 급격히 늘어난 출산율에 의해 1955년부터 1963년 시기에 태어난 세대를 가리켜 베이비부머(baby boomer)라고 한다. 이제 본격적으로 이어지는 베이비붐 세대의 은퇴는 새로운 사회문제로 나타날 것으로 예측하고 있다. 이들이 퇴직하기 전, 미리 퇴직 전 준비교육을 통해, 행복한 제3의 인생을 살아갈 수 있는 체계를 만드는 것은 사회문제의 예방과 함께 복지사회로 나아가는 지름길이다.

보건복지부는 베이비붐 세대의 은퇴가 본격적으로 시작됨에 따라 관련 사업에 대한 체계적인 논의와 심도 있는 정책대안을 마련하기 위해 '베이비부머 정책기획단'과 '미래구상 포럼'을 발족하는 등 사회적 논의가 활발해지고 있다. 베이비부머들은 자녀교육과 취업 및 결혼이 큰 관심사로 정작 자신들의 노후대책은 매우 부족한 실정이며, 이들의 복지 욕구에 비해 현재의 사회시스템과 사회보장제도가 취약하기 때문에 퇴직 이후 고립된 삶을 살거나, 복지의 사각지대에 놓이게 될 우려가 크다.

그 예로 베이비부머들은 대부분 퇴직 직후부터 만 65세가 되기 이전까지의 약 10년 동안 공적 소득보장제도 및 노인복지법에 기반을 둔 수급 대상에서 제외되거나 제한받고 있다. 베이비부머들이 퇴직 후 노후생활에 필요한 건강, 재정, 주거, 대인관계, 여가생활 등에 대한 종합적인 퇴직 전 준비 교육을 적절한 시기에 할 수 있도록 행정적인 지원이 필요하다.

퇴직 후 노후생활이 건강하고 행복한 거제를 위해 종합퇴직준비센터인 '거제시 제3의 인생센터'(Geoje City the 3th Life)를 설립하여, 퇴직 준비교육과 프로그램을 기획하고 실행하도록 하여야 한다. 고령화사회 문턱에서 퇴직 준비 없이 은퇴하여, 퇴직 후 노후생활에 어려움이 발생하지 않도록 행정에서 적극적인 복지행정을 펼쳐내는 노력이 필요한 시기이다.

노후생활을 건강하고 행복하게 영위할 수 있도록 지원하는 체계는 베이비부머의 퇴직 후 삶을 안정적이고 행복하게 준비하도록 하는 것이며, 이는 곧 사회적 비용을 줄이는 결과로 나타날 것이다. 인구의 고령화와 저출산 문제는 국가 경제적으로 매우 우려되는 현상으로 정부에서는 제2차 저출산 고령화 기본계획(2011~2015)을 수립 추진하고 있다. 2012년 9월 말 현재 거제시의 총인구 235,336명 중 베이비부머 인구는 30,383명으로 총 인구 대비 12.9퍼센트에 해당하며, 이는 베이비부머 세대(1955~1963년) 연령별 평균 3,376명으로 이 중에서 취업인구 87.2퍼센트로 환산하면 매년 2,900여 명이 현직에서 퇴직하는 것으로 나타나고 있다. 이러한 베이버부머 인구는 우리나라 경제발전과 조국 근대화에 중추적 역할을 수행하여 왔으며, 이들의 전문성과 경험을 국가 경제와 지역사회에 활용한다면 더 큰 인적자원이 아닐 수 없다.

국제노동기구(ILO)의 자료에 의하면 2008년 기준 우리나라의 55세에서 59세까지 경제활동 참가율은 67.3%로 독일 75.2%, 일본 77%, 스웨덴 83.6%로 OECD 회원국 중 가장 낮은 수준이며, 평균수명의 연장으로 인한 유휴노동력의 적극적인 활용대책이 시급한 실정이다. 최근 일부 민간기업에서 정년 연장과 임금피크제, 근로시간 단축 등으로 노령층의 근로 능력을 수용하고 있으나 수요에 비해서는 턱없이 부족한 실정이다. 거제시는 이들의 소중한 인적자원을 활용할 수 있도록 민 · 관이 유기적인 협조체제를 구축하고 사회적 공감대를 형성할 수 있는 시책을 추진해 나갈 필요가 있다고 생각한다.

우선 지역 내 대기업이 선도적으로 3년 이내 은퇴예정자에 대한 전문교육 과정을 신설하거나 외부 기관 위탁교육을 실시할 수 있도록 유도해 나가고, 지역 내 일정 규모 이상의 사업체에 대하여는 거제시 상공회의소가 교육을 주관하고 고용주가 일정 비용을 부담하는 방안도 강구할 수 있을 것이다. 또한 행정에서는 이러한 교육기관에 강사료와 교육과정 운영비를 지원하고 지역대학이나 평생학습관을 전문교육기관으로 지정하여 운영실적에 따른 인센티브제를 도입하는 등 적극적으로 추진되길 바란다.

해양플랜트산업과 일자리 창출

◇◇◇◇◇◇

거제시 장목면 송진포리에 위치한 해양플랜트산업지원센터는 지난 2017년 11월 개소식을 하고 선박해양플랜트 분야 원천기술 개발과 응용 및 실용화 연구 등 종합연구역량 수월성 확보를 통하여 국가 현안을 해결하고 국제표준을 선도하는 창조적 연구수행을 추진해오고 있다.

또한 해양플랜트 및 해양기자재 산업 성장기반을 구축해 나가고 있으며, 미래 성장 동력인 해양플랜트 프로젝트의 국제경쟁력 확보를 위해 대우조선해양과 삼성중공업이 연구과제를 공동 수행하는 등 지역경제 활성화에 제 몫을 해내고 있다. 그동안 성과를 종합해 보면, 해양플랜트 기자재 및 서비스산업 지원과 산학연 협력 네트워크를 구축하였고, 해양장비 및 심해플랜트 성능시험 평가 인증을 수행하는 등 다양한 분야의 연구기관으로서의 중심축 역할을 수행하고 있는 것이다.

해양플랜트산업지원센터가 거제시에 제안한 내용이 제대로 검토과정을 거치지 않고 무산되어 아쉬움이 크게 남는다. 해양을 접하고 있는 대부분의 지방자치단체들이 해양플랜트산업 관련 실증센터를 유치하기 위해 발 벗고 나서고 있는 것과 대조적으로, 친환경 연료추진 실증센터와 경남 무인선박 규제자유특구 실증센터,

자율운항선박 시운전 센터 등이 각각 울산시와 창원시에 빼앗기고 말았다.

거제에 있는 해양플랜트산업지원센터의 연구진을 통해 얼마든지 우리 지역에 유치하여 새로운 미래산업의 먹거리 창출과 양질의 일자리를 확보해야 한다. 거제시가 조금만 더 관심을 두고 산업연구 인력을 늘려나가는 정책을 펼쳐야 한다고 생각한다.

자율운항선박 시운전센터는 해양수산부 사업으로, 대우조선해양 및 삼성중공업 기술개발 연구진과 거제대학교 교수진이 공동개발 의지를 갖고 추진하려는 계획을 가지고 있다. 거제시가 연구수행에 필요한 용역비 일부를 지원한다면 해양플랜트산업지원센터의 역할은 더욱 빛날 것이라 확신한다.

거제에 있는 해양플랜트산업지원센터의 지원 정책을 통해 향후 새로운 미래 먹거리 창출과 양질의 일자리를 확보해 나갈 수 있는 방안이 필요하다. 자율운항시운전센터 유치전을 벌였는데 거제가 아쉽게 탈락했다. 울산시로 확정됐는데 2021년도에 선정한다고 한다. 자율운항시운전센터는 조선소가 있는 한 계속 필요한 것이고 또 울산에 현대중공업이 있기 때문에 울산에서 적극적으로 노력해서 받아 간 것이다. 그런데 이게 끝이 아니다.

대우나 삼성에서 만드는 선박이 연간 160척 가까이 되기에 거제 센터를 유치해야 한다. 유치조건이 지방비가 포함되어야 한다. 그러므로 거제센터가 설립이 가능하도록 관심이 필요하다. 총사업비가 1,603억 원인데 반드시 유치해야 한다. 대우와 삼성이 자율운항 시운전센터가 설치되어 있으면 선박 건조 과정에 시운전센터 뿐만 아니라 통합센터까지 병합을 해가지고 하면 경쟁력이 충분히 될 것이다.

국제해사기구 IMO(International Maritime Organization)라고 있다. 여기에서 온실가스에 대한 규제가 심해지니까 선박의 연료를 친환경가스로 바꾸고 있다. LNG(Liquefied Natural Gas)하고 암모니아라는 혼합가스 이런 연료도 연구하고 있고 이 부분도 해양수산부가 발주를 한다. 총사업비는 500억 원 정도 되는데, 국비가 300억 원으로 지방비가 매칭되어야 한다.

이런 부분들도 제가 볼 때는 울산이나 목포에서 경쟁을 벌이고 있는데, 해양플랜트산업지원센터 관계자는 거제가 왜 나서지 않는지 의문점을 가지고 있다. 우리가 큰 대형조선소를 가지고 있고 조선산업 비중이 크기 때문에 가장 필요로 하지 않느냐 하는 점을 지적하고자 한다.

지역경제가 악화 일로를 겪고 있다. 거제는 통영시·고성군·군산시·창원진해구·목포시· 영암군·울산 동구와 함께 고용위기지역과 산업위기대응특별지역으로 지정되었다. 거제의 경제불황이 재난수준에 이르렀다는 것을 정부가 인정한 것이다. 아직도 조선 산업 현장의 구조조정 칼날은 계속 이어지고 있고, 새로운 일자리를 찾지 못한 젊은 세대가 거제를 떠나고 있다. 조선산업이 지역경제에서 차지하는 비중이 높을수록 그에 비례하여 실업률이 높은 실정이어서 심각성이 더해가고 있다.

젊은 세대가 거제 미래에 대한 희망을 버리고 떠난다는 사실은, 조선 산업의 미래 비전이 불확실하다는 반증이다. 2015년 89,159명에 달하던 대우조선해양과 삼성중공업의 종사자 수는 올해 46,311명으로 무려 48%나 감소하였다. 반 토막으로 줄어든 것이다. 조선산업 관련 전후방 산업들이 동반하여 어려움을 겪고 있다.

통계청이 발표한 2/4분기 지역경제 동향을 보면, 전국 지방자치단체 중 거제시 실업률이 7%로 가장 높게 나타났다. 이것은 전국 평균 실업률 3.9%에 비해 두 배나 높은 수치이다. 이러한 경제지표와 연동하여 지난 25년 동안 꾸준히 늘어났던 거제시 인구가 작년부터 줄어들기 시작했고, 올해 큰 폭으로 줄어들었다.

향후 인구의 자연증가율을 가늠해 볼 수 있는 출생률 또한 큰 폭으로 떨어지고 있다. 2016년 3,264명의 출생자 수가 2017년 2,553명으로 줄어들었다. 최근 신축된 대규모 공동주택의 미분양이 지속되고 있고, 다가구주택의 공실률은 계속 높아가고 있는 실정이다.

한마디로 거제 경제는 어두운 터널 속을 헤매고 있다. 이미 재난수준에 이른 거제의 지역경제를 살릴 수 있는 대안은 일자리 창출밖에 없다. 모든 역량을 다해 실의에 빠져있는 거제시민들에게 일자리를 만들어 주어야 한다. 거제 경제의 핵심인 대우조선해양과 삼성중공업의 경영환경이 좀처럼 나아지지 않고 있다. 거제 경제를 떠받들고 있는 양대 기업의 구조조정이 경제 기반을 도미노처럼 무너뜨리고 있는 참담한 현실이다.

양대 기업이 더 이상 구조조정을 남발하지 못하도록 특단의 대책을 요구해야 한다. 모두가 힘을 모아 정부와 채권단을 설득해야 할 것이며, 지역경제 위기 극복을 위해 조선산업 노동 현장의 일터를 지켜내야 한다.

지금이 가장 힘든 시기라고 한다. 예전 헐벗고 굶주리던 1960년대 보릿고개를 넘던 절박한 심정으로, 일자리 창출 정책에 모든 역량을 발휘해야 한다고 생각한다. 지금까지 추진해왔던 일자리 창출 정책이 과연 실효성이 있었는지 되새겨 보아야 할 것이다. 형식에 치우친 나머지 무늬만 일자리 창출에 그치고 숫자놀음을 한 것은 아닌지 과감히 살펴봐야 한다.

정부의 고용위기지역 및 산업위기대응특별지역 지정으로 실업 극복대책 예산을 투입하여 일자리를 창출한 실적 점검이 필요하다. 말로만 외쳐서는 절대 일자리가 생겨나지 않는다. 대우조선해양과 삼성중공업이 최근 수주에 활기를 띠고 있다.

조선산업 현장은 일할 사람이 없다고 아우성이다. 불과 1, 2년 전에 구조조정으로 명예퇴직했던 경험 있는 숙련노동자들을 다시 불러야 하는 상황이다. 정부를 설득하여 거제의 산업구조 특성을 반영한 일자리 정책이 절실하다.

일자리가 곧 복지이다. 거제시 인구감소를 막는 유일한 대책도 양질의 일자리를 만드는 것이다. 거제 경제는 지난 3년 동안 어렵고 힘든 터널을 지나왔다. 조선산업 노동자들의 눈물이 터널을 가득 메운 시기였다. 이제는 역경을 딛고 위기를 슬기롭게 극복하는 데 최선을 다해야 할 것이다. 그저 말로만 외치는 일자리가 아니라 일자리 창출이 실제 일어날 수 있도록 모든 역량을 모아야 할 때이다.

조선소 노동자의 눈물

◇◇◇◇◇◇

거제시는 주력산업인 조선업의 불황으로 경기침체와 고용 한파의 어두운 터널을 지나고 있다. 조선산업의 부진으로 거제의 대표적인 기업인 대우조선해양과 삼성중공업이 대규모 구조조정을 단행했다. 인적·물적 구조조정 정책으로 강제나 다름없는 명예퇴직 등으로 일자리를 잃은 노동자가 4만여 명이나 된다. 일자리 정책이라는 것이 행정이 주도적으로 추진하기에는 많은 한계가 있는 것 또한 현실이다. 조선산업 불황에 따른 고용 위기 상황 극복을 위해 고용위기지역 및 산업위기특별지역 지정을 받았다.

거제시는 국비 240여억 원 지원금으로 희망근로지원사업, 청년일자리사업 등 일자리 정책에 투입하는 한편 정부 각 부처의 고용위기지역 지원 대책으로 고용촉진장려금, 고용유지지원금 등 380여 개 사업장에 36억 원의 사업주 지원과 재직자 능력개발, 생활안정자금 등 900여 명에게 8억 원의 근로자 지원사업을 추진했고, 400여 개 사업장에 80여억 원 상당의 고용 · 산재보험, 장애인부담금 등의 납부 기한연장 및 체납처분 유예, 기업체 정책자금 융자사업 178억 원을 지원받았다.

조선업 특별고용지원업종 지정으로 운영 중인 조선업희망센터가 약 2년 동안 운영되면서 1일 평균 방문자 300여 명, 12만여 건의

서비스 제공으로, 9,100여 명의 재취업, 창업의 실적을 거두고 있는 등 실직자들에게 없어서는 안 되는 곳이 되었다. 특별고용지원 업종 재연장을 건의하여 조선업이 회복될 때까지 조선업희망센터를 지속해서 운영할 계획이다. 새로운 사업으로 신성장산업 선도인력 양성과 신중년 일자리사업 등 일자리 인프라 확충을 위해 청년 취·창업 지원센터와 사회적 경제지원센터를 통해 일자리지원을 강화하기도 했다.

거제의 대표적인 경제의 큰 기둥은 조선해양플랜트산업이다. 대우조선해양과 삼성중공업이 경영악화를 겪으면서, 최근 일자리를 잃고 퇴직하는 노동자들이 사상 최대를 기록하고 있다. 노동자들이 일자리를 잃고 눈물을 흘리고 있다. 앞으로 실직 노동자는 더욱 늘어날 것이다.

조선산업 노동자들은 기업의 급격한 구조조정으로 자의 반 타의 반 퇴직하였다. 노동자와 가족들에게 갑작스러운 퇴직은 삶터를 잃어버리는 일이다. 일자리를 찾아 거제를 떠나야 할지 모른다. 거제시는 부시장을 본부장으로 하는 '조선산업위기극복종합대책본부'를 두어 노동자들의 눈물을 닦아주기 위한 다양한 정책을 펼쳤다.

거제시 조선업희망센터 운영 기간이 연장되었고, 퇴직 노동자들에게 일자리 창출 노력과 취업과 창업을 연계한 교육 프로그램 등을 추진해왔다. 그러나 이것만으로 매우 부족하다. 조선 업종의 퇴직자 및 퇴직예정자의 가족에게 생계안정부터 재취업 서비스까지 원스톱으로 지원하고, 사업경영에 어려움을 겪는 중소 조선협력업체, 기자재업체 등에는 경영 · 금융문제 해소를 종합적으로 지원해야 한다. 실직 노동자들에게 조선업희망센터의 역할은 매우 중요하고 든든한 삶의 끈이 되었다.

조선업희망센터는 2016년 8월 19일 개소하여 고용노동부 등 22개 기관 65명으로 운영하고 있으며, 2016년 38억 원, 2017년 52억 원의 사업비로 전직지원, 창업 및 귀농지원, 심리안정 상담, 자녀공부방 운영, 취업박람회, 직업훈련 등을 추진하고 있다. 조선산업위기 극복을 위해 주요 지표와 동향을 상시 모니터링하면서 중소기업들의 애로사항 20여 건이 중앙부처에 건의되었고, 소상공인 육성자금 100억 원, 중소기업 육성자금을 400억 원까지 확대 지원하고 있다. 또한, 조선 관련 28개 업체에 대하여 지방세 납기를 연장하였으며 산업통상자원부와 거제시가 함께 조선산업 다각화를 위한 연구용역 등 경제 활성화 방안도 추진하였다.

최근 늘어난 수주량을 감당하기 위해 인력 수급이 큰 과제가 되었다. 6년여 만에 찾아온 호황 국면을 기뻐하면서 일손을 구하지 못해 애를 태우고 있다. 인력의 외부 유출과 조선산업에 대한 부정적인 이미지, 최저임금 인상, 저가 수주 등의 사유로 협력업체의 경우 인력 수급에 어려움을 겪고 있다. 이에 거제시는 조선업계 협력업체의 인력 수급을 지원하고자 고용노동부와 함께 조선업 일자리

박람회를 개최하기도 하였다.

거제를 대표하는 양대 기업인 대우조선해양, 삼성중공업의 효자 상품이었던 해양플랜트 프로젝트가 국제유가 하락과 함께 신규 수주에 어려움을 겪고 있다. 거제 경제의 한 축을 담당하고 있는 해양플랜트산업의 위축은 결국 거제시 전반의 경기침체를 가중하게 되며, 해양플랜트산업과 연관된 중소기업들의 경영에 막대한 영향을 미치고 있다. 전 세계적인 경기침체에도 불구하고 해양플랜트 시장은 석유 가스 및 에너지 비용 증가에 따라서 해양자원 개발에 관한 관심이 높아졌고, 이것이 해양플랜트 프로젝트 수주 확대로 이어져 미국발 금융위기로 촉발된 상선 시장의 침체를 보완하는 역할을 다해왔다.

지역경제와 일자리 창출 블루오션 해양플랜트산업 육성해양플랜트 프로젝트 수주는 해운, 철강산업을 견인하는 파급효과가 크며, 주변 산업과 연관 분야가 많은 융복합산업이다. 2008년 미국발 금융대란에 이은 세계 경기침체 속에서, 국내 빅3 조선소는 조선부문 수주실적 부진을 해양플랜트 부문 수주로 만회하여 왔다. 하지만 신규 시장에 대한 기술력 확보 애로와 관련 기자재 국산화율 저조로 최근 해양플랜트산업에 대한 재조명이 이루어지고 있는 실정으로, 대우조선해양과 삼성중공업이 위치한 거제시는 중·장기뿐만 아니라 단기 대책도 함께 마련해서 추진해야 할 것이다.

중·장기적으로 세계 해양플랜트 시장 규모는 지속적으로 증가할 것이라는 전망이 많다. 세계적인 에너지시장 조사기관인 더글라스 웨스트우드(Douglas Westwood)에 따르면, 지난 2010년 1,400억 달러 규모였던 해양플랜트 시장은 2030년에는 5,000억 달러까지 커질 것으로 전망했다.

최근의 국제유가 급락이나 단기적인 수주 감소 현상이 있다고 해서 해양플랜트산업을 포기할 수는 없다. 중 · 장기적인 해양플랜트산업 활성화를 위해서는 현재 2020년 준공을 목표로 추진하고 있는 사등면 사곡리 일원 약 381만㎡의 특화된 산업단지 조성을 통해 양질의 산업용지를 공급하고, 산업단지에 입주하는 기업들이 필요로 하는 혁신 인프라를 구축함으로써 해양플랜트 산업의 집적을 촉진하는 것이 매우 중요하다. 해양플랜트 기자재 업체의 구조 고도화와 기술 역량 강화를 위해 한국조선해양 기자재연구원과는 해양시추시스템용 기자재시험평가센터를 구축하고, 한국해양대학교 거제캠퍼스 유치를 통해 해양플랜트 기본설계 고급인력을 양성해 나가야 한다.

2030년까지 장목면 송진포 일원에 입지하게 될 해양플랜트 산업지원센터와는 해양플랜트 특화산업단지와 연계를 통한 테스트베드를 구축하고, 한국조선해양기자재 글로벌 지원센터와는 조선기자재 경쟁력 강화사업도 함께 추진해 나가야 할 과제다.

장기적으로 거제 해양플랜트산업 클러스터 구축은 세계 최고 수준의 건조 능력과 아울러 해양플랜트 서비스 기능의 확충을 통해 거제지역의 산업구조 고도화와 지역경제 활성화에 결정적인 기여를 할 수 있을 것이다.

지역 중소기업 중 성장 잠재력이 있는 중소기업에 대해서는 경영 컨설팅과 기술개발을 지원할 수 있는 행정지원책을 마련하여 중소기업 경쟁력 강화하고 기업지원 인력양성사업은 기업의 인력수요 변화에 따라 맞춤형으로 산 · 학 · 관 협력을 모색하여 지역에 필요한 고급인력 양성을 목적으로 사업을 추진해야 한다.

거제에 있는 대우조선해양은 삼성중공업과 함께 세계 조선산업을 선도해 오고 있으며, 지역의 대표적인 기업으로써 경제발전과 성장에 큰 비중을 차지하고 있다. 2016년 이후 불어 닥친 대규모 적자로 인한 고강도 구조조정의 여파 속에서 노동자와 가족들은 고용불안에 시달렸고, 정부의 정책에 의해 한화그룹이 인수자로서 새로운 주인을 맞이하고 있다.

한화그룹이 대우조선해양 인수자로 나선만큼 환골탈태한다는 심정으로 국민이 공감할 수 있는 방향으로 조기 안정화를 통해 기업의 상품 가치를 높이려는 피나는 노력이 가일층 이루어져야 할 것이다. 그동안 많은 전문가가 대우조선 매각에 대한 해법을 제시했다. 세계경기의 영향에 따라 조선산업은 크게 부흥할 수 있다. 호황기에 접어들면 수주 물꼬도 터질 것이다. 2020년부터 대량 수주 소식이 들려왔다. 물들 때 노를 저어야 한다.

한화그룹의 울타리에서 지역경제의 버팀목 대우조선호가 뱃고동을 울리며 오대양 육대주를 향해 힘차게 뻗어나가길 간절한 마음이다.

2019년 현대중공업과의 악연

◇◇◇◇◇◇◇

2011년 12월 22일 거제시의회는 대우조선해양의 바람직한 매각을 위한 대정부 건의안을 채택했다. 향토기업인 대우조선해양의 매각에 대한 명확한 입장을 정부 각 부처에 전달한 것이다. 그것은 자칫 정부의 일방적인 매각으로 인해, 예측할 수 없는 변화가 이루어지게 되면 결국 지역경제 붕괴로 이어질 수 있기 때문이었다.

대우조선해양은 국가기간산업을 이끄는 중추적인 기업으로서 지역경제 발전과 고용 창출 효과 등 지역사회에서 큰 역할을 담당해왔다. 대우조선해양 지분매각은 지역사회에 미치는 영향이 매우 큰 만큼, 지역민이 바라는 바람직한 방향으로 매각이 이루어져야 할 것을 천명한 것이나 다름없다.

그동안 대우조선해양의 방만한 경영과 부실이 낱낱이 밝혀졌고, 국민에게서 밑 빠진 독에 혈세 지원이라는 따가운 시선을 받았던 것도 사실이다. 그러나 다른 측면에서 바라볼 때 대우조선해양이 지역경제의 핵심축 역할을 했다는 것은 누구도 부인할 수 없다. 거제시민 모두 합심하여 기업을 살려내야 한다는 데는 이견이 없다. 거제시민과 대우조선해양 노사가 공감할 수 있고, 조선업에 대한 전문성과 애착을 가진 국내 자본인 한화그룹에 매각되어 생산 활동이 연속적으로 이루어져야 한다는 것이 기본 입장이다.

2019년 느닷없이 현대중공업이 거제에 불쑥 등장했다. 한국산업은행이 예고도 없이 강제 결혼을 시키려 했다. 그동안 불황을 딛고 조선산업이 모처럼 호황기로 기지개를 활짝 켜는 시기였다. 정부는 조선산업 재편을 염두에 두고 한국산업은행이 가진 대우조선해양 지분을 현대에 매각하려 서둘러 발표했다. 한국산업은행이 보유하고 있는 대우조선해양의 55.6% 지분을 현대중공업지주 아래 한국조선해양에 빅딜 형태로 매각하겠다는 것이다. 그래서 현대중공업과 악연이라 칭했다.

이러한 배경에 정부의 입김이 크게 작용한 것은 불문가지다. 대우조선해양 구성원인 경영진과 노동조합 관계자 누구에게 일언반구 없이 밀실야합 형태로 이루어졌다. 대우조선해양 매각이 진행되자 신호탄이라도 울린 듯 지역사회가 크게 술렁였다. 조선산업 비중이 지역경제 대부분을 차지하고 있기에 한마디로 현대로의 대우매각은 동종업계 특성상 대규모 구조조정으로 받아들여졌다. 강제결혼이 몰래 진행되었기에 상대방이 놀라는 것은 당연한 일이다. 특히 기업경쟁력 운운하는 것 자체가 지역경제를 초토화하는 것과 다를 바 없는 조치였다. 2016년부터 3년간 대우조선해양과 삼성중공업의 혹독한 인적·물적 구조조정으로 인해 지역경제는 참혹한 상태였다. 구조조정이 본격화되었던 2016년 거제시 자살자가 90명에 달했다. 거제의 고용지표도 최악이었다. 2018년 상반기 실업률 7.0%에서 하반기에는 7.1%까지 치솟아 전국 지방자치단체 중 실업률이 가장 높은 도시가 거제였다. 이러한 상태에서 향토기업인 대우조선해양을 동종업계 현대자본에 매각한다는 것은 거제 경제를 더욱 악화시키는 결과를 낳게 되는 것이다.

대우조선해양은 가장 많은 230억 불의 수주잔고가 있으며 2018년 63억 불, 46척의 선박 수주실적을 올렸다. 이는 대우조선해양의 2018년도 수주 목표 대비 93%를 달성한 것으로, 조선산업이 드디어 회복했다는 신호로 받아들여졌다. 그동안 조선산업 불황으로 어두운 터널 속을 헤매다 겨우 터널 밖으로 나오는 희망의 빛을 보게 되었다. 정부가 나서서 경영정상화를 이룬 대우조선해양을 일방적으로 매각한다고 한다. 지난 3년간 눈물을 머금고 명예퇴직했던 노동자들이 기업을 살리기 위해 많은 희생을 감수해왔던 노동자들에게 청천벽력과 같은 소식이 아닐 수 없다. 수주 가뭄에 고통을 감내하며 조선산업 회복을 기다려 온 거제 시민에게도 커다란 멍울을 지게 되었다. 또다시 빛이 없는 어둠 속 터널로 들어가야 하는 불안감이 확산일로에 있다.

정부의 조선산업 정책이 축소지향으로 나아간다면 대우조선해양 매각은 현대자본에만 특혜를 주는 일이다. 만약 조선산업을 축소하기 위해 정책적으로 대우조선해양을 매각하는 것이라면 거제경제는 안중에도 없다는 뜻이다. 대우의 구성원뿐만 아니라 거제시민들이 분노했다. 경제 회생의 희망을 아예 잘라버리는 결정에 대우매각반대시민협의체에 너도나도 몰려들었다.

대우조선해양의 주인을 찾아주는 일에 반대하지 않았다. 다만 대우조선해양 매각이 어느 방향으로 결정되느냐에 따라 거제시정 및 시민들에게 닥칠 영향은 상상하기 어려울 정도로 지역경제 초토화가 우려됐다. 중앙의 정책결정자들은 거제 경제의 심각성에 대해 조금이라도 예측한 바가 있었는지 의문스러울 지경이었다.

거제 경제의 핵심인 조선해양플랜트 산업을 활성화하기 위해서는 거제시 역할이 매우 중요하다. 대우조선해양 매각 문제에서 보듯이 정부의 정책을 변화시키기 위해서 거제시가 적극적으로 발 벗고 직접 나서야 한다. 기업이 스스로 경영정상화를 이루어 나갈 수 있지만 조선해양플랜트 산업 비중이 큰 거제시 처지에서 볼 때 산업재편에 대한 대비책을 세워야 할뿐더러 정부의 정책을 선도적으로 이끌어 주어야 하는 것이다.

조선해양플랜트 산업에서 가장 중요한 것이 금융지원 정책이다. 기업이 상선이나 해양플랜트 프로젝트를 수주하려고 할 때 영업이익이 확보되지 않으면 금융회사로부터 지급보증(RG)을 발급해 주지 않는다. 정부에서 수주 프로젝트에 대한 지급보증이 이루어지지 않으면 영업에서 아무리 노력해도 수주를 할 수가 없는 것이다. 지금은 선가가 상당히 낮은 상태인데 지급보증의 완화가 필요하다. 다행히 정부에서 2018년도 지급보증 요건을 완화해 주었지만, 한시적 형태이다. 완화 정책의 연장이 더욱 절실하다.

하늘에 맡겨진 웰리브 운명

◇◇◇◇◇◇◇

거제 향토기업인 대우조선해양이 지분 100%를 소유했던 웰리브가 사모펀드에 매각되고 말았다. 그 과정에서 대우조선해양 구내식당, 시설관리, 주택임대 위탁 업무를 수행하고 있는 웰리브 노동자들이 끊임없는 고용 불안에 시달리고 있다.

웰리브 매각 과정을 보면, 지난 2016년 인수합병(M&A) 시장에 매물로 등장하여, 2017년 8월 사모펀드 회사인 베이사이드프라이빗에쿼디에 매각되었다. 이후 2년 만에 베이사이드PE는 웰리브 인수를 목적으로 조성한 프로젝트 펀드의 출자자인 페트로뱅크 컨소시엄에 매각되었다가, 7개월 만에 또다시 엔시트론에 매각되었다. 엔시트론 지분율은 25%로 웰리브의 최대 주주가 되었다.

대우조선해양 자회사로써 웰리브는 피인수되기 전 차입금 없이 지역경제와 일자리 창출 웰리브 노동자들의 고용불안 현금성 자산만 281억 원을 보유하였고, 부채 비율도 27.99%로 재무구조가 안정적인 기업이었다. 한마디로 알짜기업이었던 웰리브가 사모펀드에 의한 자본시장에서 최대 주주가 세 번째 변경되면서 적자기업으로 추락하고 말았다.

기업은 이윤 창출이 목적이다. 단기간 부채의 증가 누적과 경상이익의 감소로 경영적자가 발생하면서 최대 주주의 변화를 가져오게 되었고, 노동자들의 고용불안을 가속하는 원인이 되고 있다.

웰리브 노동자들의 고용불안에 대한 해결책은 인수업체 경영진이 내놓아야 한다. 그리고 대우조선해양과 계약된 구내식당 급식업, 시설관리업, 주택임대업 등의 위탁을 계속 유지하는 길뿐이다. 현재 정부가 대우조선해양 매각을 강행하고 있는 상황에서 웰리브 노동자들의 고용불안을 해결할 방안을 마련해야 한다. 거제시 행정에서 강 건너 불구경하듯 바라보고 있어선 안 되며 특단의 대책을 강구해야 할 것이다.

이뿐만이 아니다. 웰리브가 경우회와 합작 형태의 특수목적법인(SPC)을 설립하여 옥포동 116번지 일원에 건축하고 있는 웰리브호텔 또한 자금조달의 어려움 등으로 공사가 중단된 상태다. 해당 부지는 토목공사가 이미 진행되어 벌거숭이가 되어 있고, 노동자 임금체불로 문제를 일으키더니 이제 흉물로 남게 되었다.

나는 지역구 의원으로 건축허가 시 호텔신축에 필요한 자금조달계획과 향후 운영계획이 있어야 한다고 계속 강조해 왔다. 대우조선해양 자회사에서 사모펀드에 매각된 이후 웰리브와 경우회의 합작법인이 1,200억 원에 달하는 자금조달을 원활하게 할 수 있을지에 대한 의구심 때문이다. 만약 자금조달에 문제가 있다면 지역사회에 또 다른 난개발 사례로 남게 될 것이다. 웰리브가 호텔신축 사업을 추진하는 것은 경영진의 판단이다. 그러나 엄연히 허가권자는 지방자치단체장이다. 기업의 내부 사정이야 속속들이 알 수 없지만, 신축호텔의 자금조달과 운영계획 없이 사업을 강행하여 장기간 표류하게 되면 웰리브 노동자들의 고용불안은 더욱 커지게 되는 것이다.

예정대로 한화그룹에 대우조선해양 매각이 이루어진다면 웰리브 노동자들의 운명이 되살아날 것인가? 이 점도 아직 속단할 수 없다. 사모펀드에 매각되어 대우의 자회사가 아닌 상태이기에 불안하기 마찬가지다. 결국 하늘에 맡겨진 운명이다. 대우조선해양이 성장 발전하기 위해선 웰리브가 동반자가 되어야 한다는 생각이다. 웰리브가 여타 기업에 비해 경쟁력을 갖추고 대우조선해양을 품을 수 있길 바란다.

여수세계박람회와 거제 관광정책

◇◇◇◇◇◇

2012년 여수세계박람회 개막과 행사 동안 여수시는 각종 관광 기반 시설을 갖출 수 있었다. 여수시는 세계적인 행사를 계기로 해양관광지로서의 도시이미지를 구축하기 위해 심혈을 기울였다.

여수세계박람회는 해양과 연안의 가치와 의미를 새롭게 인식하여 기후변화, 생태계 파괴 등 인류의 현안 과제를 해결, 지속 가능한 해양의 현명한 이용을 촉구하여 해양자원 고갈, 기후변화와 같은 인류의 위기 극복을 위한 공동 대응방안 모색, 해양에너지 활용 기술, 차세대 해양 바이오 기술, 해양오염제어·환경 기술 등 창조적 해양 과학기술 개발과 해양레포츠, 해양관광업 등 新해양산업 육성, 해양레포츠, 해양관광업, 차세대 해양교통·조선업, 해양에너지 등 신 해양산업 육성을 통해 국가발전 비전인 저탄소 녹색거제관광 길라잡이 성장(Green Growth)을 지향하고 있다.

여수시 장기발전 구상과 부합하도록 세계박람회 행사를 준비함으로써 행사 이후 지역재생 및 지역개발 효과의 극대화 도모, 여수 및 남해안을 세계 수준의 해양문화 관광 레저벨트로 개발할 야심찬 계획들을 세웠던 것이다. 거제시 입장에서 조선산업과 관광산업의 두 마리 토끼를 잡아야 하는데, 남해안 관광벨트에 선두적인 위치를 빼앗길 위기가 찾아온 셈이다. 어쩌면 여수시와 함께 한려해상국립공원 시군이 한데 어울려 관광산업을 한 단계 높일 수 있는 기회가 생긴 것이기도 했다.

거가대교 개통과 함께 포로수용소 유적 공원의 경우 30만 4천237명(전년 동기 대비 19만 6천253명 증가), 김영삼 대통령 생가 및 기록전시관은 34만 4천137명(전년 동기 대비 328,946명 증가) 등 거제시 주요 관광지의 관광객이 폭증하고 있다. 거제포로수용소 테마파크는 여수세계박람회 지원시설로 추진되었다. 그 외 관광시설물에 대해서는 TV 방송 매체와 국내외 여행사 관계자 초청 팸투어, 대규모 국제 행사 홍보관 운영, 관광 인센티브제 시행, QR코드 및 관광 블로그 등을 활용하여 구축하였고, 여수세계박람회 기간에는 여수박람회장 통합관광안내센터 내에 거제시 홍보부스를 설치하였다. 여수세계박람회를 찾는 관광객이 거제시 관광자원을 찾아오도록 유도해 낸 것이다.

여수세계박람회를 반면교사로 삼아야 할 것이다. 우리의 끈질긴 근성으로 하면 되고 안 되면 되게 하라는 말이 있다. 나는 절대 변하지 않는 명언이라 말한다. 누구든지 말은 그럴싸하게 할 수 있다. 그러나 실천하는 일이 중요하다. 백 마디 말보다 백 번 보는 것보다 한 번 실천이 중요한 법이다.

세계조선해양엑스포 유치 전략

◇◇◇◇◇◇

세계조선해양엑스포 유치는 거제시의 조선해양산업의 특성을 반영한 거제를 획기적으로 발전시킬 수 있는 것으로 해양플랜트산업의 미래 경쟁력 제고와 수출 진흥, 관광산업의 발전 등 많은 부분이 집약되어 있다. 그동안 경상남도에서 2011년 애초 예산에 1억 3천만 원으로 기본 구상안 용역을 추진하였고 1억 원의 추경예산을 확보하여 타당성 조사를 실시한 바 있다.

거제시에서는 조선산업과 관광을 접목한 특색 있는 대표 축제를 만들겠다는 의지로 세계조선해양축제를 지난해 5월 개최한 것도 세계조선해양엑스포 개최 역량을 키워 나가기 위한 것이었다. 거제시의회 또한 의원 전원이 한마음이 되어 2014년 세계조선해양엑스포를 국제행사로 승인해 줄 것을 정부에 건의하는 등 집행부와 함께 적극적인 협조체계를 구축하여 추진해 왔다. 이는 중앙정부의 조선해양산업 육성정책에 부합하고, 경제문화 · 관광산업과의 접목으로 경제적 파급효과와 함께 신규 고용 창출로 지역경제에 미치는 영향이 크게 나타나기 때문이다.

2012년 여수에서 개최한 여수세계해양엑스포 사례를 보더라도 잘 알 수 있듯이 세계조선해양엑스포의 유치는 미래형 조선해양산업의 세계시장을 선점하고 문화와 관광이 접목된 국제적인 해양도시로서의 위상을 제고함은 물론 국제 전시, 회의를 할 수 있는 인프라를 구축한다는 점에서 놓쳐서는 안 되는 중요한 정책과제인 것이다.

그러나 이러한 노력에도 불구하고 경상남도에서 신청한 세계조선해양엑스포의 국제행사 심의가 거제시민들의 염원에도 불구하고 여수세계해양엑스포와 연동하여 곧바로 추진하기에는 개최 여건이 맞지 않다는 이유로 결정되지 못한 아쉬움이 많다. 이는 거제시의 다양한 유치 노력이 부족했기 때문이며, 전 세계 조선해양시장을 선도해 나가고 있는 대표적인 조선해양산업도시로서의 역량이 제대로 집결되지 못한 측면이 있었다고 생각된다.

거제는 대우조선해양, 삼성중공업 등 세계적인 조선해양도시의 위상에 부합하고 해양플랜트 유관 분야 산업을 촉진해 나아가기 위해서라도 반드시 엑스포 유치 성공을 위해 가일층 노력해야 할 것이다. 세계조선해양엑스포 유치는 민선 5기 경남도지사 공약사업으로 2011년 '기본 구상안 용역'을 실시하여 2012년 2월 지식경제부에 국제행사 심의를 신청하였다. 거제시는 조선해양엑스포 TF팀을 구성하여 경남도와 지식경제부를 10여 차례 방문 협의하였으며, 시의회에서도 대정부 건의안을 제출한 바 있다.

그러나 2012년 4월 경남도로부터 지식경제부 심의에서 국제행사 승인을 위한 기획재정부 국제행사심의위원회 제출 보류 통보를 받았다. 보류 사유는 엑스포 개최를 위해 신청한 국비 187억 원 지원은 다른 시도에서는 비슷한 행사에 20에서 30억 원의 광특예산을 지원하므로 형평성에 맞지 않고, 일반 예산으로 국제행사 지원은 부적절하며, 총 370억 원의 사업비가 과다 책정되었기 때문으로 알고 있다. 경남도에서는 2016년 이후에 엑스포 개최를 검토한다는 방침을 정하여 중장기 과제로 기존 국제조선해양산업전은 창원컨벤션센터에서, 요트 등 해양행사는 통영에서, 조선해양역사·문화·조선축제행사는 거제에서 개최하는 통합 엑스포 개최 방안을 위한 관계자 회의를 두 차례 개최하는 등 다각적인 방안을 검토하였으나, 행사장 토지매입, 기반시설 조성, 방대한 예산확보 등을 감안한다면 우리 시에서 2016년에 개최하는 것은 어려운 실정이다.

조선세계해양엑스포는 다양한 관점에서 바라볼 필요가 있다. 조산업박람회라든지 아니면 축제 형태 또는 산업관광 이런 형태로 인간의 어떤 삶과 접목된 그런 형태로 이루어지고 있다. 세계적으로 노르웨이 오슬로라든지 그리스 아테네에서 개최하는 세계 2대 선박 박람회가 열리고 있다. 격년제로 노르웨이 오슬로는 짝수 연도에 그리스 아테네는 홀수 연도에 이루어지고 있다. 아테네박람회는 72개국 약 1,600개 회사가 참여하고 있고 그리스 아테네는 50개국 1,100여 개 회사가 참여하고 있는 것으로 알려져 있다.

거제는 조선해양산업도시이고 관광도시이기 때문에 조선해양 관련 최신 기술이라든지 아니면 조선해양기자재 또는 축제 형태의 선상서비스라든지 매니지먼트 이런 형태의 다양한 조선해양 관련 종합전시장이 되고 있다. 우리 거제에 특성을 반영한 세계조선해양엑스포는 반드시 우리 거제를 발전시킬 수 있는 그러한 기회로 만들어 가야 한다.

박람회처럼 비공인행사로 준비할 것인지 먼저 정해져야 한다. 정부가 20%밖에 지원하지 않는데 최소 거제시 재정이 370억 정도 투입되어야 한다. 과연 거제시 재정 상태에서 비공인행사로 세계조선해양엑스포를 할 수 있을 것인지 협의가 되어야 할 문제다. 인정세계엑스포로 간다면 장기적으로 용역을 통해서 기본 계획을 세워야 한다. 등록엑스포는 사실상 대한민국에서 개최한 역사가 없다. 1993년에 개최된 대전엑스포, 2012년 여수세계해양엑스포는 인정엑스포였다. 엑스포의 형태가 산업박람회라든지 아니면 축제 형태라든지 아니면 또 다른 관광산업의 산업관광의 여러 가지 형태로 나타날 수 있고 그것이 인간의 삶의 주제로만 나타나면 가능성이 있다. 거제는 세계조선해양 도시이고 관광도시이다. 그래서 그걸 접목해서 얼마든지 획기적으로 인프라를 만들 수 있다.

미래의 거제를 위해 꼭 필요하다. 세계조선해양엑스포가 거제에 유치된다면 거제 발전을 50년 앞당길 수 있을 것이다.

건강장수 휴양 관광마을 육성

◇◇◇◇◇◇

거제는 아름다운 풍광, 온화한 기후, 편리한 교통망, 해양 시대의 도래 등을 바탕으로 거제의 어르신들은 물론이거니와 다른 지역의 어르신들이 단기 체류할 수 있는 차별화된 건강장수 휴양 관광마을에 관심을 가져야 할 시점이다.

2008년부터 국민연금 수혜자가 늘어나고 있고, 6 · 25 전쟁 이후 탄생한 베이비 붐 세대의 은퇴가 시작되고 있다. 여유 있는 노인인구가 급속하게 증가하고 있어 실버산업 시장이 점차 확장되고 있는 사회 현상과 무관하지 않다.

거가대교 개통과 함께 800만 명에 이르는 부산 · 울산 · 경남이 가까이에 있고, 남부내륙고속철도가 들어서고, 장목면에서 마산을 잇는 이순신대교 건설 등으로 서부 경남은 물론 부산, 울산권까지 접근성이 증대되고 있는 것은 고무적이다.

이와 함께 해양레포츠 시대의 도래로 남해안종합발전계획이 시작되어 거제의 발전 가능성이 획기적으로 높아지고 있는 기회를 활용해야 한다.

옥포 도심과 가까운 덕포지역과 사등, 일운면 등에 대규모 복합

시설을 갖춘 건강장수 휴양 관광마을을 연차적으로 건립하여 육성한다면, 대우 및 삼성 양대 조선소 은퇴자들에게 크게 각광을 받을 수 있을 것이다. 또한 거제 인근 도시민들의 휴양처 역할을 할 가능성이 매우 크다.

건강장수 휴양 관광마을에는 고령자의 건강을 위한 헬스센터, 장수식품, 장수생활을 위한 생활안내, 치유센터, 해양산악관광 및 레포츠센터, 건강장수호텔, 해양스파 센터, 고령친화 엔터테인먼트 시설 등의 복합단지를 갖추게 된다.

거제시와 민간이 협력하여, 중앙정부와 경상남도의 지역특화사업으로 정책적 지원을 받을 수 있는 정책을 추진해야 할 부분이다.

한려해상 국립공원의 중심에 위치한 거제의 입지적 조건은, 빼어난 자연경관으로 향후 거가대교의 개통의 이점을 활용하고, 향후 이순신대교 건설, 남부내륙고속철도 등으로 동서남북 도로망을 확충하게 되면 충분한 경쟁력을 지니게 될 것이다.

남해안 시대의 중심도시로 성장 발전하기 위한 면모를 갖추기 위해서는 기존 도시와 차별화된 고급 도시로의 개발의 필요성이 절실히 대두되고 있다.

거제시가 가지고 있는 우수한 자연환경과 세계적인 조선산업의 입지 여건 등의 강점을 최대한 활용한 자연친화형 도시공간으로 쾌적하고 편리하면서 건강성이 확보될 수 있는 첨단 건강도시의 개발이 필요하다.

건강장수 휴양 관광마을 조성과 유사한 첨단 건강도시(U-Healthy) 조성사업을 2011년도 특수시책 사업으로 추진할 계획이다. 주요 개발 방향으로 통합의료정보 자동화시스템을 도입한 첨단보건의료시설 및 기존 도시와 차별화할 수 있는 체육시설과 연계한 테라스형 고급 주택을 도입하고, 거리별 테마를 부여하여 각종 시설물과 연계한 상징성 및 경관을 창출하는 테마로드 계획 등의 복합단지이면서 저출산 고령화 시대에 대비한 유비쿼터스 개념과 건강휴양 개념을 적용한 첨단 도시로서 고령자, 퇴직자 및 외국 바이어 등이 적극 이용할 수 있는 최첨단 도시를 조성하는 계획이다.

세부 추진계획으로서는 2011년 용역비를 확보하여 입지 및 타당성 분석을 통한 사업대상지와 민간투자 사업자를 선정하고, 지역특화사업 등 사업추진 방법을 결정하게 되면 2012년부터는 조속한 행정절차 추진을 통해 조기에 사업이 시행될 수 있도록 적극 지원할 계획이다.

차별화된 최첨단 고급 도시 조성에 따른 거제시의 이미지가 상승되는 효과와 첨단시설 도입을 통한 인근 도시민의 유입과 관광객 및 관련 산업시설의 유치로 지역경제 활성화에 크게 도모할 것으로 보인다.

해양스포츠산업 민·관 협력기구

◇◇◇◇◇◇◇

거제는 섬이라는 특성이 있고 4면이 바다이다. 해양스포츠산업은 미래 우리 거제가 중점을 두고 추진해야 할 중요한 분야라고 생각한다. 정부의 해양수산부 부활과 함께 새롭게 부상하고 있는 해양스포츠산업에 대한 관심이 높아지고 있다. 이제 행정에서 해양스포츠산업의 전반적인 지원책을 마련해야 할 시점이며, 민간 투자유치에 발 벗고 나서야 한다. 민간의 투자를 위해 선도적으로 마리나 시설 확충을 위해 노력이 기울여져야 하며, 거가대교 개통 이후 활용방안이 마련되어 있지 않은 장승포항여객터미널, 옥포항여객선터미널, 고현항여객선터미널의 용도 전환 등을 통해 해양스포츠 발전을 위한 방안을 마련해야 할 것이다.

주 5일 근무제 정착과 더불어 내륙, 산악 관광에서 해양체험관광으로 그 중심이 이동되고 있으며, 바다의 개념이 단순 어업과 생산 개념에서 레저·휴식·충전의 즐기는 공간으로 패러다임이 전환되고 있어 전국의 연안 도시가 해양 가치 창출과 더불어 해양도시 기반 구축에 행정력을 집중하고 있다.

또한 거제시의 경우 443킬로미터의 해안선에 생태적 연안 환경과 200여 개의 항 포구, 해안도로, 호안이 조성되어 접근성의 용이와 더불어 해수욕장 17곳, 자연낚시터 200여 곳, 낚시어선 270여

척과 어촌 체험마을 4곳과 유어장 20곳에 콘도형 낚시터 64곳이 조성되어 있어 해양 · 어촌관광 기본 여건은 어느 정도 갖추었다고 여겨진다. 향후 근포 요트계류시설, 궁농 낚시터, 능포 해양공원, 지세포 해양레포츠 시설, 법동 체험낚시공원, 수협 효시공원, 다대 체험마을, 계도 해양공간 조성, 농소 해양공원, 연안 크루저 터미널 등은 현재 시공 또는 설계 중에 있다. 아울러 연안 생태 체험장, 수중공원, 해양스포츠 아카데미, 해상유스텔, 해상 호텔 등은 재정사업과 민자유치로 추진할 계획이다.

거제시 해양스포츠 수준은 6개 클럽에서 300여 동호인이 활동하고 있으며, 2009년 11월 개교한 요트학교에서 현재까지 4,000여 명의 전문인력 양성과 더불어 올해부터는 요트조종 면허 교육장으로 지정되어 연간 40시간만 이수하면 누구나 손쉽게 면허를 취득할 수 있어 요트 인구 저변을 확대하고 있으나 부족한 실정이다.

해양레저스포츠 산업의 경우 많은 자본과 운영기술, 전문지식 등 능력과 조건을 갖추어야 가능함으로 그간의 사례를 참고하여 민간자본 유치에 적극 노력하여 해양문화, 놀이, 숙박, 레저, 스포츠를 아우르는 인프라를 구축, 해양도시를 만들어 나가야 할 것이다.

해양관광 및 해양스포츠 활성화를 위한 민간기구 설치 제안은 시의적절하며, 관계 전문가와 관심을 가진 거제시민이 참여하는 위원회를 구성하여 해양레저스포츠 산업 발전에 기여하도록 해야 한다.

21세기는 신해양시대라 일컫는다. 정부가 해양수산부를 부활하였다. 그만큼 해양수산의 중요성을 느끼게 한다. 해양스포츠를 기반으로 하는 레저산업, 이런 것들이 법률도 상당히 많이 바뀌고 있고 또 민자가 투자하기 좋은 환경으로 이렇게 바뀌어 가고 있다. 해양스포츠는 거제가 역점을 두고 추진해야 할 부분이라고 생각이 드는데, 연안생태체험장, 수중공원, 해양스포츠아카데미, 해상유스텔 또는 해상호텔 등 민자 유치에 최선을 다해야 한다.

옥포 관광 루트 제안

◇◇◇◇◇◇

옥포는 구국의 성지다. 풍전등화와 같았던 나라의 운명을 이순신 장군 연합함대가 승전을 거둔 임진란의 첫 번째 대첩지인 것이다. 선열들의 호국정신이 깃든 옥포대첩기념공원은 81,863㎡의 부지에 74억 원의 사업비를 들여 기념관, 기념탑, 사당 등 13개 동을 조성하여 1996년 6월 개관하였다.

그러나 27년의 세월이 흐른 지금의 모습은 전반적인 시설 노후와 진입도로의 협소, 주차장 공간 부족, 기념관의 전시품 초라함 등으로 관광객이 거의 찾지 않는 관광지로 전락하고 말았다. 대한민국 후손으로서 부끄럽기 짝이 없는 노릇이다.

거제시는 임진란 당시 옥포대승첩을 이끌었던 경상우수사 원균 장군에 대한 고증작업을 통해 세간에 잘못 알려진 부분을 새롭게 조명하고 있다. 칠천량해전에서 왜군과 싸워 1만여 조선 수군과 함께 장렬하게 전사한 공적을 선열들과 함께 기리 새겨야 할 것이다. 2012년 4월 완공한 칠천량해전기념공원은 그런 의미에서 패전의 역사도 소중하다는 점을 일깨워준다.

칠천량해전기념공원과 마찬가지로 임진란 첫 승첩지에 대한 역사적 사실을 다양한 분석을 통해 학술적 가치를 높이는 방안을 강구하여야 한다. 현재 초라한 모습으로 전락해 있는 옥포대첩기념공원을 국민관광단지화하고, 대대손손 우리 거제의 소중하고 자랑스러운 역사를 기릴 수 있는 선열들의 호국정신을 구국의 성지로 승화시켜 나가는 노력에 박차를 가해야 하는 것이다.

1963년부터 시작되어 매년 6월에 옥포만 일원에서 개최되는 거제옥포대첩축제는 인근 통영한산대첩축제와 비교해보면 행사의 규모 면에서 큰 차이를 보이고 있다. 옥포대첩기념제전위원회가 주관하여 전 거제시민이 참여하는 제대로 된 행사가 될 수 있도록 예산 확대가 필요하다. 몇 년째 정체되어 있는 2억 원의 예산으로, 선열들의 호국정신을 기리는 행사를 개최한다는 것은 큰 문제다. 다행히 올해 행사부터 예산이 대폭 증가했고 행사의 규모 또한 방대해져 다행이다.

옥포대첩기념행사를 국가적 행사로 격상시켜 구국의 성지를 간직한 거제시민과 옥포 주민의 자존심을 지켜내야 하며, 나라를 위해 목숨을 바친 선열들의 호국정신을 기리는 역사관광의 명소로 부각시켜 나갈 다양한 방법을 모색해야 할 것이다.

옥포대첩축제는 충무공 이순신 장군을 비롯한 선열들의 호국정신을 선양하고 거제시민들의 정신적 이념으로 승화하기 위한 목적으로 지난 1963년 제전을 시작한 이래 올해 61회째를 맞이하고 있다. 거제에서 역사와 전통을 가진 대표적 문화행사일 뿐만 아니라 1995년 통합 거제시가 출범하면서 옥포대첩축제를 거제문화원이 주관하여 왔다가 지금은 거제시가 주최하여 옥포대첩축제추진위원회가 맡아 역사를 이어오고 있다.

제61회 옥포대첩축제 행사가 옥포대첩기념공원을 비롯한 옥포동 일원에서 기념식, 민속문화행사, 전시·공연, 경축행사, 부대행사 등을 펼치고 장승포와 고현까지 확대하여 추진하는 것은 환영할 만하다. 옥포 도심 시가지를 돌며 승전의 행렬을 거제시 18개 면동에서 참여할 수 있도록 예산지원이 이루어졌으면 하는 바람이다. 시민들이 자발적으로 참여하는 옥포대승첩 가장행렬은 관광 요소가 충분히 많다고 본다.

옥포대첩축제 행사의 한정된 예산과 주관단체의 전문성 부족으로 옥포제전의 정체성과 차별화를 갖지 못하고, 시민들의 기대에 부응하지 못하고 있는 부분은 점차 개선해야 할 요소다. 매년 행사 때마다 반복되는 주차시설의 부족, 행사 프로그램의 다양성 부족과 시민 참여율 저조는 거제시가 극복해야 할 과제이기도 하다.

경남 도내 통영시를 비롯한 여타 시군의 문화축제를 보면 대부분 행사추진위원회를 독립된 법인으로 설립하여 전문가를 상근직원으로 채용 전담하고 있다. 따라서 옥포대첩축제가 명실상부한 대표적인 거제의 전통 문화예술행사로 자리매김할 수 있도록 중·장기적인 발전 계획의 수립이 필요한 때다. 우선 축제추진위원회를 비롯한 시민 각계각층의 다양한 의견을 수렴하여 행사의 내실 있는 발전

방안을 모색하고, 기존 행사의 프로그램을 정비하여 특색 있고 차별화된 제전행사가 될 수 있도록 행사 프로그램 공모가 우선되어야 한다.

장기적 관점에서 행사를 전담할 수 있는 민간 또는 공익법인을 설립하여 외부 전문가를 영입하는 방안과 옥포대첩축제를 거제시민의 날 행사와 양대 축으로 하여 격년제로 시행하는 방안도 검토하고 행사 관련 예산도 대폭 늘려가는 방향으로 추진해야 할 것이다.

옥포만은 임진왜란 당시, 첫 승전지로서 풍전등화와 같았던 나라를 구한 구국의 혼이 살아 숨 쉬는 역사의 현장이다. 구국의 혼이 흐르는 옥포만을 관광명소로 개발하여 침체한 옥포 경제 활성화를 도모하는 한편, 신개념의 관광정책이 절실히 요구되고 있다. 옥포에 전시된 거북선은 국내 최초로 전문가 고증으로 원형을 복원하여 제작되었다. 조라 해안로에서 옥포대첩기념공원까지 이어지는 '충무공 이순신 만나러 가는 길'이 새롭게 각광받고 있다.

옥포를 찾은 관광객들이 대우조선해양 야드를 거쳐 옥포거북선 체험과 '충무공 이순신 만나러 가는 길'을 따라 옥포대첩기념공원까지 연결되는 신개념의 관광코스인 옥포 관광 루트를 개발해야 한다. 나라의 운명이 풍전등화 같았던 임진왜란 당시, 첫 승전보를 울렸던 선열들의 기쁨에 찬 환희와 세계 최고의 경쟁력을 가진 조선산업의 부흥을 일으켜 IMF로부터 구제금융을 받았던 시기 외환위기 극복에 앞장섰던 후손들의 숭고한 구국의 정신을 가르치고 체험하는 스토리텔링이 가능한 옥포를 역사문화관광지로 새롭게 가꾸어 나가자는 것이다.

옥포 관광 루트를 현실화하기 위해 거제시민들과 관광객이 손쉽게 찾을 수 있는 옥포항 수변공원이 친수공간으로 사랑받고 있다. 행정안전부 사업인 우리 마을 녹색길 조성사업 공모에 당선되어 옥포항에서부터 조라마을, 옥포대첩기념공원, 덕포해수욕장을 거쳐 김영삼대통령 기록물전시관까지 8.5킬로미터 구간에 사업비 8억 원을 투입하여 충무공 이순신 만나러 가는 길 또한 조성했다. 이 길은 옥포만이 임진왜란 당시 첫 승전지로서 풍전등화와 같았던 나라를 구한 구국의 역사를 스토리텔링화하고, 요즘 붐이 일고 있는 걷는 문화와 거가대교 개통 이후 거제관광 패턴 변화에 대응해야 한다.

옥포대첩 관광인프라가 동선을 따라 자연스럽게 형성되므로, 충무공 이순신 만나러 가는 길과 연계한 옥포 관광 루트가 걷는 길을 통해 지역관광자원인 역사문화와 함께 휴식을 위한 힐링 시설과 적절한 조화를 이룰 수 있도록 하여 적극적으로 홍보하는 방안을 모색해야 할 때다.

구국의 성지 옥포진성

◇◇◇◇◇◇◇

옥포대첩에는 옥포진성이 있다. 지금은 성곽 형태가 거의 남아있지 않지만, 역사는 알고 있다. 1970년대 대한조선공사 옥포조선소가 들어서고, 조선산업 배후도시로 급격한 도시화를 이루는 과정에서 성곽 시설뿐만 아니라 성 내부의 건물 등이 훼손되어 거의 남아있지 않는 상태다. 현재 옥포동 150-1번지 일원에 옥포진성 성벽 일부가 남아 있고, 마을 곳곳에 성의 축대가 남아 있다.

주민들은 경상남도 기념물로 지정된 이후, 큰 피해를 감내하여 왔다. 옥포동 150-1번지 일원의 경우 주택의 신축이나 보수를 하지 못하는 등 생활의 불편은 물론 재산상의 손실을 입었고, 옥포 중심가 대부분인 반경 300m 주변 토지에 이르기까지 건물 신축 시 문화재보호법 영향으로 큰 피해를 보아야 했다.

지난 2017년 8월 용역을 통해 옥포성 종합정비계획을 수립하였다. 그 결과 연차적으로 성벽이 남아 있는 옥포동 150-1번지 일원 토지와 건물을 순차적으로 매입하여 공원화하는 방안을 마련하였다. 전문가들은 옥포진성 발굴조사를 통해 문루 및 체성벽, 치와 같은 부속시설물을 복원하는 방안을 제시하기도 했다.

옥포진성의 학술적 가치와 임진왜란 첫 승첩지로서의 역사성을 바탕으로, ① 옥포진성, ② 충무공 이순신 만나러 가는 길, ③ 옥포대첩기념공원, ④ 옥포대첩 해양관광단지로 이어지는 구국의 성지 스토리텔링은 세계로 가는 평화의 도시, 거제 관광지로서 충분할 것이라 확신한다.

무릇 역사를 잃은 민족에게는 미래가 있을 수 없다. 지금부터 431년 전, 임진왜란으로 나라의 운명이 풍전등화와 같았던 시기, 옥포대첩의 첫 승전보를 울린 옥포진성의 역사를 새롭게 조명해야 한다고 생각한다.

첫 번째, 옥포진성을 복원하여 유적공원으로 조성해야 한다. 이미 도시화가 진행되어 옥포진성의 완전한 복원은 어려운 현실이다. 그러나 성벽 일부가 남아 있는 옥포동 150-1번지 일원에 옥포진성을 축소한 모형을 만들고, 역사관을 지어 공원화한다면 많은 시민과 관광객이 찾는 명소가 될 것이다. 옥포진성 문화재보호구역 토지는 20필지 1,925㎡로 일부 국유지(기획재정부)를 제외하고 사유지가 대부분이다. 현재 옥포진성 가운데 종합정비가 가능한 곳은 남문지가 가장 적합하며, 남문 및 문루 보존을 위한 최소한의 토지를 경상남도와 협의하여 매입하여야 한다. 또한 전문기관에 의한 시 · 발굴조사를 거쳐 유적공원으로 조성해야 한다. 그러나 옥포진성 종합정비계획에 의하면, 무려 10년에 걸쳐 단계적으로 매입하는 것으로 계획하였다. 과연 거제가 천만 관광객을 유치하기 위한 관광시책을 강력히 추진하고 있는지 의심하지 않을 수 없다.

옥포거북선은 전문가의 고증을 거쳐 원형 복원한 것으로, 대우오션프라자 앞 공원에 전시되고 있다. 거북선 내부를 관람할 수 있도록 만들어졌음에도 불구하고, 관광객 유입 마케팅 등 관광객을 유치하기 위한 노력은 미미한 실정이다. 옥포거북선에 큰 자부심을 가지고 있는 지역민을 중심으로 한 마을공동체에 위탁하여 관광자원으로 활용하여야 한다고 생각한다. 거제시 관광행정이 벤치마킹하여야 할 좋은 사례도 많다. 제57회 옥포대첩축제부터 새롭게 만들어 새롭게 선보였다. 구국의 성지 옥포진성을 복원하여 호국유적공원으로 조성하는 사업 추진에 박차를 가해야 할 것이다.

두 번째, '충무공 이순신 만나러 가는 길'을 조속히 완공해야 한다. 충무공 이순신 만나러 가는 길은 거제 섬앤섬길 11번째 코스로 조성하고 있다. 옥포항에서 야망끝, 옥포중앙공원, 팔랑포마을, 등산로, 덕포해수욕장, 해변촌 마을, 신설 해안데크, 김영삼대통령 생가까지 이어지는 8.5km 구간 중에서 덕포해수욕장을 끝으로 멈추어 있다. 거제의 섬앤섬길은 제주도 올레길, 지리산 둘레길과 함께 힐링 트래킹을 원하는 시민들과 관광객들에게 많은 호응을 얻고 있다. 우리 거제는 16개 코스를 개발하여 단계적으로 추진 중에 있다. 한편 정부는 4,500km 코리아 둘레길을 만들고 있다. 이 길은 우리나라 국토를 한 바퀴로 연결하는 것이다. 새로운 길을 만드는 토목공사 없이 기존 길을 활용하여 친환경적 걷기 길 네트워크를 구축하겠다는 야심찬 계획을 세웠다. 거제 섬앤섬길은 사람들이 쉽게 찾을 수 있고, 지역의 문화와 역사, 스토리텔링이 녹아있는 양질의 걷기 길로써 큰 관광자원이 될 수 있다. 충무공 이순신 만나러 가는 길은 대우조선해양의 선박과 크레인을 조망할 수 있고, 수려한 자연풍광과 함께 옥포대첩 승전의 역사와 조선 수군이 승전의 기쁨을 안고 넘었던 승판재, 옥포대승첩 기념탑과 전시관, 그리고 옥포대첩의 영웅 이순신과 스물두 분의 공신을 모신 효충사와 거북선, 판옥선 모형이 있는 역사문화 스토리가 풍부하다. 특히 김영삼 대통령 생가까지 연결하면 홍보 효과도 크게 작용할 것이다. 2011년부터 조성된 섬앤섬길 11번 코스가 8년이 지난 지금까지 완공되지 못하는 부분이 안타깝다. 처음 시작할 때 철저한 계획을 세워, 실시설계에서부터 예산에 집중하여 마무리까지 제대로 추진해야 한다.

세 번째, 옥포대첩기념공원 관광객 유치방안을 마련해야 한다. 옥포대첩기념공원은 임진왜란 당시 첫 승전보를 울린 승전의 역사를 간직하고 있다. 충무공 이순신 장군을 비롯한 조선 수군이 이룩한 옥포대첩을 후세에 길이 남기고자 공원으로 조성하였다. 기념공원 내 효충사에는 나라를 구한 영웅이신 충무공과 스물두 분의 공신들이 눈을 부릅뜨고 있다. 그러나 1996년 조성하여 22년의 세월이 흐르는 동안 제대로 된 개보수가 이루어지지 않아 시민들과 관광객이 외면하는 곳으로 전락하고 말았다. 옥포대첩기념공원을 현대적 감각으로 새롭게 리모델링하고, 일본 대마도를 육안으로 바라볼 수 있는 '대마도 전망대' 설치와 이순신 리더십 강좌, 국궁장, 충효체험 프로그램 등 다양한 체험관광을 할 수 있도록 활성화해야 할 부분이 많다. 야간조명을 활용한 빛의 어울림 등으로 시민과 관광객이 찾아올 수 있는 방안이 마련되어야 한다.

네 번째, 옥포대첩 해양관광단지 조성사업은 민간 투자방식의 관광인프라를 확충하는 것이다. 옥포대첩 해양관광단지 조성사업은 옥포동 산1번지 일원으로 지난 2014년 6월부터 시작되었다. 이미 해당 부지 629,835㎡의 토지매입이 거의 완료되었고, 사업시행사인 보경씨앤디주식회사가 기본계획을 수립하여 사업허가신청 절차를 수행하고 있다. 이 사업은 옥포대첩기념공원과 연계하여 국민의 역사의식과 애국심을 고취하고, 외국 관광객들에게 나라를 구한 옥포대첩 영웅들의 자부심을 일깨우는 역사문화를 알리기 위해 독창적인 해양관광단지로 개발하려는 것이다. 다만 민간 투자방식은 개발이 매우 어려운 특성이 있다. 각종 규제가 많기 때문인데, 토지를 개발할 여지와 절차가 복잡하고 시일이 많이 소요된다. 옥포대첩 해양관광단지 조성이 제대로 이루어지기 위해서는 행정에서 더 열린 자세로 적극적으로 나서야 한다고 생각한다. 민간투자자는 수익이 담보되지 않으면 투자할 수 없다. 다른 시각에서 민간투자 유치를 활성화하기 위해서는 행정에서 풀어야 할 과제가 많다.

경상남도를 거쳐 해양수산부의 허가를 받기 위해서는 행정의 협조가 절실히 필요하다. 지방자치제 실시 이후 행정이 많은 변화를 거듭하여 왔다. 행정의 역할도 다양해졌고, 지방자치단체장 또한 기업의 유치를 위해 발 벗고 나서는 경우가 많다. 거제는 섬이라는 한계점을 넘어 경제활성화를 위해 해양관광도시로 발돋움해야 하는 과제를 안고 있다. 충무공 이순신 장군의 얼이 서린 옥포진성의 문화유적 역사를 바탕으로 옥포를 세계적인 관광지로 펼쳐나갈 관광정책을 추진해야 한다. 문화재로부터 300m 이내의 토지소유자들의 행위 제약에 따른 민원을 해결하기 위하여 경남도 예산을 지원받아 2015년에 300m 이내의 역사문화 환경보존지역에 대한 행위 기준을 마련하여 경상남도의 승인을 받아, 2017년에 종합정비계획을 수립하는 등의 노력을 기울여 왔다.

옥포진성 정비는 계획상 10년간 약 60억이 넘는 예산이 들어가는 사업으로 도비를 지원받아서 추진한다면 상당 기간이 걸릴 것으로 예상된다. 2018년도에는 경상남도의 보조를 받아 토지매입비 2억 원을 확보하여 일부 토지를 매입하고자 하였으나, 토지소유자들은 감정평가액이 기대에 못 미친다는 이유로 예산을 반납한 바 있다. 옥포진성의 조속한 정비를 위하여 도비 확보에 주력하는 한편, 현재 추진하고 있는 옥포도시재생활성화 계획에도 반영될 수 있도록 노력하고, 옥포진성 남문지 주변의 사유지 매입과 발굴 조사 및 문화재 관련 전문가 자문을 통하여 옥포진성을 중심으로 문화 유적 공원이 조성될 수 있도록 적극적으로 나서주길 기대한다.

주민주권시대 주민이 주인이다

◇◇◇◇◇◇◇

지방자치법이 전부 개정되었다. 무려 32년 만의 일이다. 주민이 시정에 참여하는 폭을 넓혀야 한다. 거버넌스 운동은 민관협치 행정을 말한다. 주민과 함께해야 지방자치의 발전이 기대된다. 풀뿌리 민주주의 정착을 위해 앞장서 왔던 주민참여 행정이 곧 거버넌스이기 때문이다.

풀뿌리 민주주의라 일컫는 지방자치가 지역사회 변화를 이끌어온 지 32년의 세월이 흘렀다. 그동안 지방자치단체는 중앙사무의 지방이양과 주민참여제도를 바탕으로 큰 발전을 이루어왔다. 민선시대를 맞이하여 주민들이 시정에 참여하는 폭도 점차 넓어지고 있다. 거제시장을 비롯한 공직자들 또한 주민의 목소리를 경청하여 시정에 반영하기 위한 노력을 다하고 있다. 이제 이러한 모습은 극히 자연스러운 현상이 되었다. 민선과 관선의 차이는 결국 주민들이 시정에 얼마나 참여하고 있는가에 정점을 두고 있다.

거버넌스 체계는 지역사회 공동체의 다양한 제 부문 영역이 수평적 연대와 협력으로 공동체 운영에 함께하여 공공의 의사결정과 집행에 공동 참여하고, 자율과 책임, 참여와 합의, 실천과 협력, 조정과 통합의 거버넌스 문화가 일상화하면서, 주체들마다 성숙과 사회경제적 성취를 바탕으로 다원적 휴머니즘 사회체제를 지향해 나가는 것이다. 그러나 거제시의 현실은 갈 길이 멀게만 느껴진다. 사회 각 분야의 거버넌스 신드롬에도 불구하고, 로컬거버넌스(loca governance)의 온전한 구현은 아직 요원한 실정이다. 거버넌스(협치)와 분권을 유행처럼 이야기하고 있지만, 실상은 거버넌스의 형식적 요건만 갖춘 상태를 지속하고 있다. 실제 각 부서에서 운영하고 있는 위원회 구성원을 보면 전문성을 갖춘 시의적절한 인사로 구성되지 않고 있다 마치 숫자 맞춤식으로 지방자치법률에 의한 형식적 운영에 그치고 있다. 이것은 민선 시장과 시의원을 선출해놓고 관선 시대처럼 운영하는 것이다.

지방자치에서 가장 중요한 거버넌스의 정신이 훼손되어 운영되고 있다. 한마디로 거버넌스의 실제적 변화는 더디고 더디기만 하다. 지방자치단체는 지역발전을 위한 독자적인 정책을 수행하는 단위이자 중앙정부와 협력하여 주민의 복리를 극대화할 수 있도록 역할을 수행하는 정책의 전달체계이기도 하다. 그러나 아직도 중앙정부와 지방자치단체는 권한과 재정지출에 있어 개선할 부분이 많다. 즉 지방자치단체가 주민의 삶에 밀착하여 영향을 끼치고, 실제 국가 사무의 상당한 부분을 위임받아 직접 수행하고 있음에도 로컬거버넌스를 운영하는 것은 주저하고 있는 것이다. 거제시가 이러한 변화를 선도하기 위해서는 거버넌스 체계 구축에 적극적으로 나서야 한다. 거제시민들이 시정에 참여할 수 있는 폭을 지금보다 크게 늘려야 한다. 형식적으로 운영하고 있는 각 부서 위원회를 로컬거버넌스 체계로 바꾸어야 할 것이다. 주민참여가 빠진 지방자치는 진정한 민주주의가 아니기 때문이다. 거제시 거버넌스 체계 구축과 활성화를 위해서는 또한 조급하게 외형적 치장을 앞세우기보다, 구성원들의 자발적인 변화와 성숙을 끌어내면서 제도와 시스템을 바꿔 나가는 방식으로 '과정'을 잘 설계해야 한다. 이를 위해 우선, 핵심 간부들과 적어도 관련 부서 담당자들을 대상으로 한 거버넌스 교육, 단순한 강의가 아니라 거버넌스 전문기관에 의뢰하여 실효성 있는 교육과 액션 오리엔티드(Action oriented) 교육부터 잘 실행하는 것이 필요하다.

그 이후에 지속적인 거버넌스 학습모임을 운영하고 지원하는 것도 제도 정착을 위해 중요하다. 그리고 담당자들이 관련 그룹, 관계 기관단체들과 시간을 갖고 스킨십을 늘리고 상호 신뢰가 쌓이는 파트너십을 구축하도록 격려하고 지지해야 한다. 이를 위해 무엇보다 담당자들이 '거버넌스' 하면 귀찮아지는 것이 아니라, 본인들의 업무 성과 제고와 관리에 도움이 된다는 인식을 체득할 수 있도록 정책적 지원이나 인사평가 방침, 평가지표, 평가체계 개선도 고민해야 한다. 실제로 거버넌스는 담당자들의 일하는 방식이나 민간 전문가를 대하는 관점의 변화와 성숙이 중요하다. 예를 들면, 대구 달서구의 「행복나눔센터」 공무원들은 일반적인 관성을 뛰어넘어, '현장'사업과 '비예산' 사업'의 원칙을 세우고, 직접 지역 내 다양한 민간의 서비스 자원(재능기부, 상품 기부, 시간 기부, 후원금 기부)을 접촉하여 네트워킹하고, 지역 내 서비스 수요층, 예를 들면, 학원 못 가는 아이들, 식료품과 생필품 등이 필요한 가정, 도우미가 필요한 주민, 또

비용(돈)이 필요한 곳과 연결해 사회복지서비스를 확대하며, 지역 공동체를 강화해 나가는 사례도 있다.

서울 성북구나 수원시의 경우 각각 '마을 민주주의', '휴먼시티'를 내걸고 전체 성북구정과 수원시정을 거버넌스 체계로 전환해 나가는 행정서비스 사례도 있다. 결국, 거제시 행정이 주도적으로 참여해야 한다. 공직자들이 정책과 사업의 기획, 집행자일 뿐만 아니라 지역사회의 '거버넌스 코디네이터'(네트워커)와 '지방자치의 퍼실리테이터'(facilitator 촉진자)라는 관점에서 바라보는 것이 중요하다. 이와 같은 과정에 거버넌스 전문기관이나 그룹들과 협력하여 거버넌스 체계 구축과 관련한 운영방안에 대한 컨설팅을 받아보는 것도 필요하다고 생각한다.

풀뿌리 민주주의라 일컫는 지방자치가 지역사회 변화를 이끌어 온 지 27년의 세월이 흘렀다. 그동안 지방자치단체는 중앙사무의 지방이양과 주민참여제도를 바탕으로 큰 발전을 이루었다. 민선 시대 지방자치를 통해 주민들이 시정에 참여하고 있다. 이제 이러한 모습은 극히 자연스러운 현상이 되었다. 민선과 관선의 차이는 결국 주민들이 시정에 얼마나 참여하고 있는가에 정점을 두고 있다.

[저자 소개]

전 기 풍 JEON GIPOOUNG

경상남도 거제시의회 산업건설위원장 및 행정복지위원장으로 3선 의원을 지냈으며, 경상남도의회에 진출하여 건설소방위원회 부위원장으로 활동하고 있다. 경남대학교 행정대학원 사회복지학 석사, 일반대학원 행정학 박사학위를 받았고, 거제대학교 창신대학교 경안신학대학원대학교 사회복지학과에 10여 년간 출강하여 후학 양성에 힘썼다. 경남복지정책연구원 이사장 및 사회복지법인 거제시사회복지협의회 창립과 초대회장을 역임하였고, 거제시사회복지사협회장을 지냈다.

지방의원 지산의

선진문물과 평원

2023년 4월 14일 1판 1쇄 인쇄
2023년 4월 20일 1판 1쇄 발행

지은이_전기풍
펴낸이_정영석
펴낸곳_마인드북스
주 소_서울시 동작구 양녕로25길 27, 403호
전 화_02-6414-5995
팩 스_02-6280-9390
출판등록_제25100-2016-000064호

ISBN 978-89-97508-61-7 03330